워런 버핏 집 앞에서
총 맞을 뻔한
주식 투자가 이야기

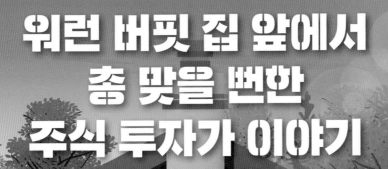

워런 버핏 집 앞에서
총 맞을 뻔한
주식 투자가 이야기

ㅣ 유현창 지음 ㅣ

매일경제신문사

주식 투자를 시작한 지 18년이 지났습니다. 그때만 해도 주식에 대해서 배우고 공부할 수 있는 곳이 책과 포털사이트의 카페 정도만 있을 뿐, 거의 없다시피 했습니다. 그리고 그 카페를 통해서 기술적인 분석, 즉 주식의 차트 분석을 배우려면 수강료를 내야 했습니다. 캔들 강의, 거래량 강의, 기타 등등 강의별로 각각 수강료를 내고 배웠습니다. 심지어 그 강의들이 정확히 맞는 강의인지, 아닌지도 모르고 말입니다. 그리고 그 강의들은 대부분은 정확하지 않은 내용이 많았고, 그것들을 깨닫기까지 많은 시간과 돈을 써야만 했습니다.

또한, 그 당시에 주식 투자를 한다고 하면 많은 사람들이 투자가 아닌 투기로 여겼습니다. 그저 자신들이 몰라서 경험해보지 못한 것임에도 주식은 아무나 하는 것이 아니라는 등 색안경을 끼고 안 좋은 것으로 말하는 사람들이 많았습니다.

그러나 코로나19 이후로 많은 것들이 변화했습니다. 초·중·고등학교에서 대학교까지의 수업이 비대면 수업, 즉 컴퓨터나 스마트폰으로 영상을 통해 수업하는 줌 수업으로 변화했습니다. 거리 두기와 사적인 모임 인원 제한 등을 통해서 오프라인으로 만나는 모임이 아닌, 자신의 아바타를 만들어서 게임 속에서 만나는 메타버스와 같은 게임들이 큰 인기를 얻었습니다. 게다가 일하는 환경들도 회사에 출근해서 일하는 것이 아닌 재택근무로 전환되었고, 진료도 재택치료와 자가치료로 변화했습니다. 그리고 코로나19는 주식 시장에도 많은 변화를 줬습니다. 코로나19로 인해서 2020년 3월 11일에 코스피지수가 2,200포인트 부근에서 일주일 만에 1,400포인트부근까지 급락했습니다. 코스닥지수는 670포인트 부근에서 420포인트부근까지 급락했습니다.

그리고 여기서 동학개미운동이 등장했습니다. 동학개미운동이란, 1894년 조선 말 고종 때 평등사상을 주장한 전봉준이 반봉건·반외세를 내걸고 일으킨 동학농민운동으로 백성들이 뭉쳐 외세에 저항했던 것처럼, 개미(개인 투자가)들이 끝없이 주식을 사면서 외국인이 매도하는 한국 증시를 지키자는 신조어입니다. 그리고 실제로 2020년 3월 들어 3월 20일까지 외국인들은 10조 원어치의 한국 주식을 매도했고, 국내 개인 투자가들은 9조 원 가까이 매수했습니다. 그러면서 코로나19 이전에는 주식 투자를 하지 않았던 개인 투자가들이 너도나도 삼성과 같은 대기업 주식에 투자했습니다.

그 결과, 주식 매매가 이루어지고 있는 주식 거래 계좌 수는 2020년 3월 3,076만 9,014개로 늘어났고, 2020년 1월 2,935만 6,620개보다 141만 2,394개가 증가했습니다. 이 가운데 83만 2,846개는 3월 한 달간 늘어난 수치입니다. 2020년 3월 코스피 시장과 코스닥 시장의 시가총액회전율은 각각 18.86%, 93.55%로, 전년 동월(코스피 6.89%·코스닥 35.19%) 대비 세 배 가까이 증가했습니다(시가총액회전율은 시가총액 대비 거래대금으로 비율이 높을수록 주식 거래가 활발한 것입니다).

투자자 예탁금은 주식을 사기 위해 투자가가 증권사 계좌에 맡겨둔 투자 대기 자금을 말하는데, 이 투자자 예탁금이 40조 원을 넘었습니다. 금융투자협회에 따르면, 2020년 3월 말 기준 투자자 예탁금은 43조 829억 원으로, 1월 말의 28조 7,192억 원 대비 1.5배(14조 3,637억 원) 이상 증가했습니다. 그러면서 주식 시장에 하루 평균 거래량과 거래대금이 크게 상승했습니다. 코스피와 코스닥 시장을 합산한 전체 증시의 일 평균 거래대금은 두 배 가까이 증가한 것입니다(2019년 대비 2020년 코로나19 사태 이후).

코로나19 사태로 인한 폭락 이후 삼성과 카카오 같은 대기업에 너도나도 묻지 마 투자를 하면서 큰 수익을 낸 사람들이 많았습니다. 그리고 코로나19 사태 이후에 어떤 종목이든지 매수했다면 누구나 아무나 수익을 낼 수 있었죠. 그때는 주식에 투자한 사람들 누구나 수익을 낼 수 있었습니다. 그런데 지금은 그렇지 않습니다. 코로나19 사태 이후 주식을 시작한 투자가들은 대부분 주식을 공부하고 노력해서 만든 자신만의 매매 기준과 원칙이 없습니다. 그러므로 코로나19 이후에 주식 매매를 하면서 났던 수익들을 반납하고 손실로 전환되고 있습니다.

18년 전, 제가 주식을 시작했을 때와 현재 2022년을 비교하면, 지금은 주식을 배우고 공부하기 최적화되어 있습니다. 주식을 매매하기도 좋은 시장이죠. 주식 공부를 하고 싶으면 간단하게 스마트폰이나 컴퓨터를 켜서 주식 강의를 해주는 유튜버를 검색합니다. 그리고 그 유튜버들 중에 자신의 주식 경험과 지식을 얼마나 진실된 자세로 지도하고 조언해주는지 판단한 후, 선택해서 배우면 됩니다. 옛날 무협지에 나오는 것처럼 한 명의 스승만 두지 않아도 됩니다. 몇 명이든지 자신의 주식 매매에 맞는 스승을 두고 좋은 점만 배워서 자신만의 매매 기준과 원칙을 세우는 데 적용하면 됩니다.

그리고 관심 있는 회사의 정보도 간단하게 확인할 수 있습니다. 인터넷을 통해서 그 회사 이름만 검색하면 거의 모든 정보가 나옵니다. 예를 들어 애플카, 테슬라, 리비안, 삼성 로봇, 오미크론, 디지털 화폐 관련주로 검색하면, 여러 회사와 왜 그 회사들이 그 테마의 관련주인지까지 자세하게 검색되어 누구나 쉽게 좋은 정보를 찾을 수 있습니다.

18년 전에는 모든 주식 강의를 돈을 주고 배웠고, 한 명의 스승에게 배우기도 어려웠습니다. 스승의 선택을 받아야 배울 수 있었죠. 게다가 유망한 종목의 재료나 정보들을 돈을 주고 사기도 했습니다.

저는 현재 '스티브 유 인베스트'라는 주식 유튜브 채널을 운영 중입니다. 처음에 유튜브를 시작할 때는 주변 지인들이 주식 종목을 찾고 선정하는 데 큰 어려움이 있어 도움을 주기 위해 시작했습니다. 지금은 제가 주는 것보다 훨씬 큰 사랑을 받고 있습니다. 2022년 7월 현재, 정말 소중하고 고마운 2만 7,500여 명의 구독자와 600명이 넘는 멤버십 회원을 배출했습니다. 지금은 단톡방(사랑방)과 유튜브 커뮤니티에서 함께 주식 공부를 하고 있습니다.

이 책에는 18년 동안의 주식 경험을 통해서 깨달은 노하우를 모두 담아냈습니다. 그 노하우를 깨닫기까지 엄청난 시행착오를 겪으며 오랜 시간과 많은 돈을 교육비로 냈습니다. 때로는 모든 것을 포기하고 싶었던 적도 있었습니다. 하지만 포기하지 않았고 지금 이 자리에 있습니다. 이 책은 저의 인생과 노력, 열정, 그리고 꿈의 결정체입니다. 이 책을 통해서 주식은 기법보다는 심법, 즉 준비와 공부, 그리고 지속적인 노력이라는 자격증이 필요한 분야라는 것을 깨달았으면 좋겠습니다. 그리고 이 책에서 소개하는 절대 변하지 않는 100% 주식 기법과 목표를 이루기 위한 실천 방법으로 자신만의 매매 기준과 원칙을 세워 주식 투자를 하는 모든 사람이 경제적인 자유를 누렸으면 합니다.

그리고 마지막으로 이 책을 통해 코로나19로 힘들고 지친 많은 사람이 자신도 모르게 잊고 지냈던 희망과 꿈을 다시 한번 생각해보는 시간을 가진다면 행복할 것 같습니다.

유현창

목차

CHAPTER

01

실전에서 쓸 수 있는
차트매매법

간단하게 캔들 이해하기

우선 실전 종가매매를 시작하기 전에 시초가와 종가를 간단하게 짚고 넘어가겠습니다. 캔들의 의미를 확인해봅시다.

1. 시초가

시초가는 주식 시장에서 당일 9시 정규장이 시작될 때 최초로 형성되는 가격을 말합니다. 시초가는 당일 가격이 어떻게 결정되느냐에 따라 주식 종목의 매수심리와 매도심리 중 어느 쪽이 강한지 일차적으로 판단할 수 있는 참고 용도로 활용할 수 있습니다. 시초가는 주식 캔들이 만들어지는 데 중요한 부분을 차지합니다.

시초가가 결정되는 방식은 오전 8시 30분부터 9시까지 진행되는 장 전 동시호가 주문 시간을 통해 만들어집니다. 즉, 장이 시작하기 전 30분의 거래를 모아 가격이 정해지는 것이기 때문에 굉장히 중요합니다.

2. 종가

종가는 정규장 마감 시각인 3시 30분 직전에 성사된 마지막 거래 가격을 나타냅니다. 마감 직전 10분간(15:20~15:30)은 동시호가 거래를 진행합니다. 주가조작이나 기타 위험 방지 차원에서 주문이 들어오면 바로 체결되지 않습니다. 장 마감과 동시에 처리가 됩니다. 즉, 종가는 정규장(09:00~15:30)에서 가장 늦은 시간에 체결된 가격을 나타냅니다. 봉 차트의 캔들에서는 시가의 반대편에 위치해 있습니다. 주식의 가격은 시가에서 시작해서 종가로 마감합니다.

3. 고가
고가는 당일 캔들에서 가장 높은 주식 거래가격을 나타냅니다.

4. 저가
저가는 당일 캔들에서 가장 낮았던 주식 거래가격을 나타냅니다.

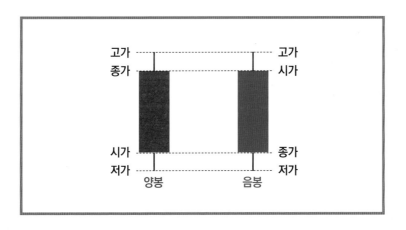

다음 날 급등하는
종가매매 기법

종가매매는 정규장이 마감하기 전(15:00~15:30)에 매수하거나 장 후 시간 외 종가(15:40~16:00까지 약 20분간 진행이 됩니다)에서 매매 후, 다음 날 시초가 갭이나 시세를 줄 때 수익을 실현하는 방법입니다.

다음 날 추가 상승이 예상되는 종목을 선정해서 미리 매수하는 것입니다. 그렇기에 종목 선정만 잘한다면 다음 날 쉽고 편하게 수익실현을 할 수 있는 매매 방법입니다. 주식 장 중에는 일해야 하는 직장인들이나 실시간 대응이 힘든 투자가들에게 맞는 매매 방법입니다.

저는 종가매매를 할 수 있는 종목들의 패턴을 찾으려고 노력했습니다. 몇 달간 매일 그다음 날 갭이나 슈팅을 주는 종목들을 모두 찾았습니다. 그리고 관심 종목에 넣어두고 차트를 보면서 캔들과 거래량을 분석하고 연구했습니다. 그러면서 여러 가지의 다른 패턴보다 높은 확률의 패턴을 찾았습니다. 그 패턴은 주가가 일정 구간에 들어서면, 위 꼬리가 달리는 캔들이 자주 나옵니다.

차트의 일정 구간은 저점이 아닌 고점 부근에서의 차트 캔들을 말합니다. 고점에서 심리적인 저항 라인으로 매물이 나오면서 자주 나오는 캔들입니다. 그 위 꼬리가 달리는 캔들이 자주 나오는 자리에서 종가와 고가가 같은, 즉 꽉 찬 양봉이 나옵니다. 그리고 그다음 날 갭을 주거나 슈팅이 나오는 패턴입니다.

즉, 다음 날 급등하는 종목의 종가매매의 매수 타이밍에는 조건이 있습니다. 전 고점이나 고점의 저항대에서 위 꼬리가 나오는 캔들이 자주 나오는 자리에서 위 꼬리가 달리지 않은 고가와 종가가 같은, 즉 꽉 찬 양봉이 나왔을 때를 매수 타이밍으로 잡을 수 있습니다.

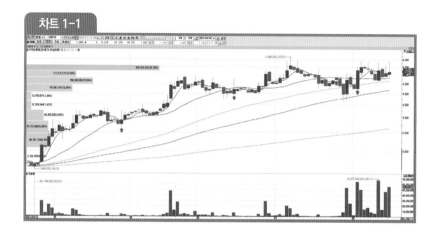

차트 1-1

<차트 1-1>은 바이오로그디바이스의 차트입니다.

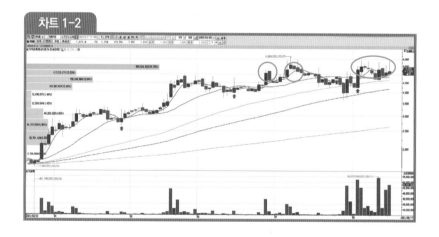

차트 1-2

<차트 1-2>에서 동그라미 표시를 확인해봅시다. 동그랗게 표시해둔 자리의 캔들의 모습을 보면 5,000~6,000원 부근의 저항 라인을 확인할 수 있습니다. 그리고 위 꼬리가 달리는 캔들의 모습이 계속해서 나옵니

다. 즉, 그 가격대를 저항 라인으로 볼 수 있습니다. 다음의 <차트 1-3>
은 동그라미 표시를 확대한 모습입니다.

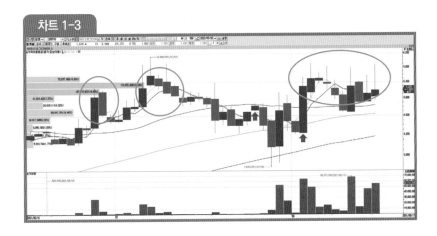

그 주가 부근(동그라미 표시 자리)의 캔들의 모습을 다시 한번 봅시다. 위
꼬리가 길게 달리는 캔들의 모습이 계속됩니다. 그 가격대를 저항 라인
으로 보고, 그 가격대를 돌파하지 못하면서 실망 매물이 나옵니다. 그리
고 저항 라인으로 생각하는 투자가들의 수익실현 자리로 판단할 수 있
습니다.

그리고 다음의 <차트 1-4>에서 파랑 화살표 표시의 캔들을 봅시다.
계속 발생하던 위 꼬리 캔들의 모습이 아닌 꽉 찬 양봉의 모습입니다.
즉, 고가와 종가가 같은 캔들이 발생했습니다. 2021년 8월 18일의 캔
들입니다.

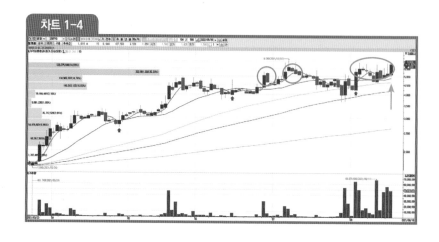

차트 1-4

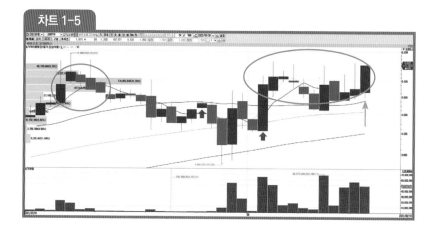

차트 1-5

    <차트 1-5>는 계속 발생하던 위 꼬리 캔들의 모습이 아닌, 꽉 찬 양봉, 즉 파랑 화살표 표시의 캔들을 확대한 모습입니다. 그리고 주가는 <차트 1-6>의 모습처럼 그다음 날 22.34%까지 상승했습니다.

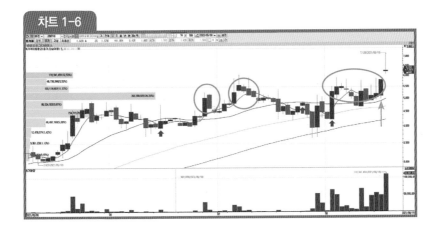

차트 1-6

여기서 생각해봐야 할 것들이 있습니다. 앞 저항 라인에서 여러 번 위 꼬리 달리는 캔들이 나왔습니다. 그 캔들을 통해서 매물대(흔히 매수 물량과 매도 물량이 많아 거래가 활발히 일어났던 가격대를 매물대라고 합니다)의 매물을 모두 소화했을 수 있습니다. 그리고 세력들이 매집하는 자리일 수도 있습니다.

개인 투자가들이 일정 구간에서 계속되는 위 꼬리가 길게 달리는 캔들이 나오는 차트를 확인한다면 '바이오로그디바이스는 저 가격대 오면 항상 위 꼬리는 달리는 캔들이 나오면서 떨어진다'라고 생각할 수 있습니다. 그러므로 그 일정 주가 구간을 저항 라인으로 생각하고 배도로 수익을 실현할 수 있겠죠. 그리고 세력은 그 일정 주가 구간을 저항대로 만들고 매도를 유도해서 개인 투자가들의 매도 물량을 매수하면서 매집을 할 수 있습니다. 이런 차트의 모습에서 다음 날 갭 상승해서 시작하거나 슈팅이 나오는 종목들이 많습니다.

다음의 <차트 1-7>에서 네모 박스 쳐놓은 거래량을 확인해봅시다. 최근 거래량이 많이 늘어난 모습을 볼 수 있습니다. 코로나19 예방용 비강 스프레이 코빅실-V를 바이오로그디바이스가 개발했습니다. 그리고 최소 1조 원에서 3조 원대의 판매가 예상된다는 것이 시장에서 이슈가 되었습니다.

즉, 최근에 거래량이 폭발적으로 늘면서 시장에서 이슈되었던 종목 중에서 이와 같은 모습의 차트가 있다면, 다음 날이나 몇 거래일 안에 슈팅이 나올 확률은 더 올라갑니다.

차트 1-7

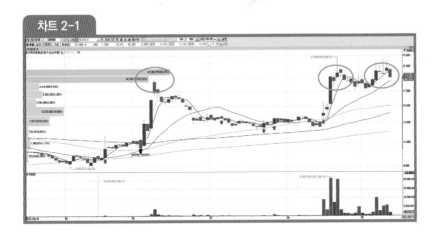

차트 2-1

영화테크의 차트를 살펴보겠습니다. <차트 2-1>에서 동그랗게 표시해 둔 자리의 캔들의 모습을 확인해봅시다. 바이오로그디바이스의 차트 모습처럼 2만 원에서 2만 2,000원 사이의 저항 라인을 확인할 수 있습니다. 그 주가 부근에서 위 꼬리가 달리는 캔들의 모습이 여러 번 나옵니다.

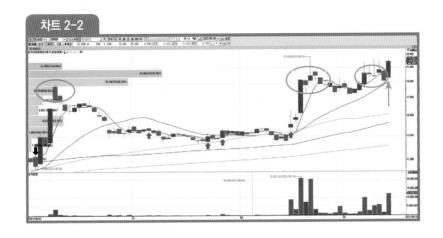

차트 2-2

그러나 <차트 2-2>에서 큰 파랑 화살표의 캔들을 봅시다. 그 캔들은 2021년 9월 14일의 캔들입니다. 앞의 저항 라인의 위 꼬리가 길게 달린 캔들과 비교했을 때 2021년의 9월 14일의 캔들은 위 꼬리가 짧게 달린 캔들의 모습을 확인할 수 있습니다다. 즉, 종가와 고가의 주가가 비슷합니다.

그리고 주가는 <차트 2-3>의 모습처럼 그다음 날 12.98%까지 상승했습니다.

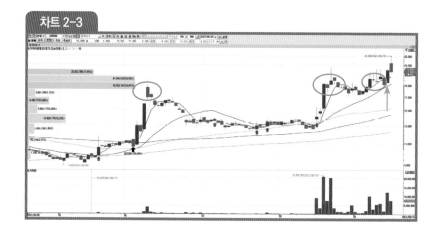

차트 2-3

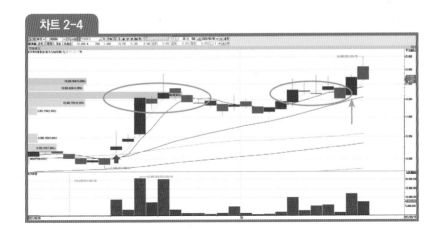

차트 2-4

　<차트 2-4>는 계속 발생하던 위 꼬리 캔들의 모습이 아닌 꽉 찬 양
봉, 즉 파랑 화살표 표시의 캔들을 확대한 모습입니다.

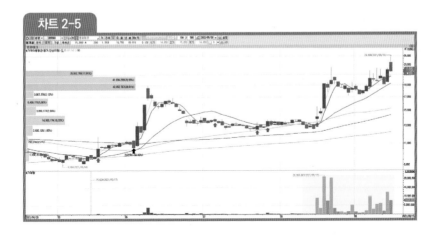

차트 2-5

　<차트 2-5>에서 네모 박스 쳐놓은 거래량을 확인해봅시다. 최근의
거래량이 폭발적으로 증가한 모습을 확인할 수 있습니다. 폐배터리 관
련주로 시장에서 이슈가 되면서 좋은 흐름을 보여줬습니다.

최근에 거래량이 폭발적으로 늘면서 시장에서 이슈가 되었던 종목들 중에서 이와 같은 모습의 차트가 있다면 다음 날이나 몇 거래일 안에 슈팅이 나올 확률은 더 올라갑니다.

국전약품

국전약품의 차트입니다. 앞의 두 종목과 같이 국전약품의 차트를 보면, 일정 주가 구간의 위 꼬리가 나오는 캔들이 자주 나옵니다. <차트 3-1>에서 동그라미 쳐놓은 곳의 캔들을 확인해봅시다.

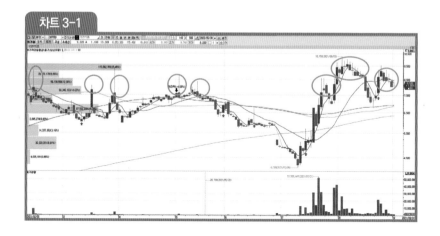

차트 3-1

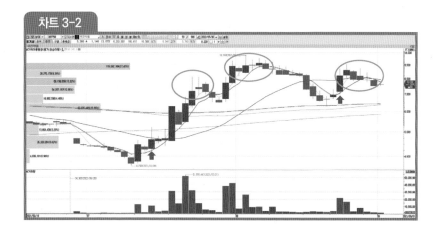

차트 3-2

<차트 3-1>과 <차트 3-2>의 모습을 보면 9,000원 부근에서 저항 라인을 확인할 수 있습니다. 그 주가 부근에 위 꼬리가 길게 달리는 캔들이 계속 발생합니다.

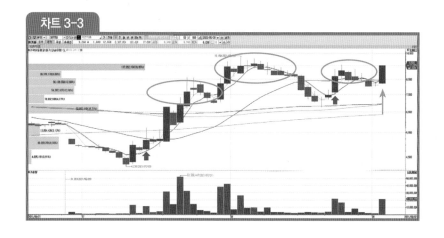

차트 3-3

그러나 <차트 3-3>에서 파랑 화살표로 표시해둔 2021년 9월 2일의 캔들을 자세히 봅시다.

앞의 9,000원 부근의 저항 라인에서 자주 보였던 위 꼬리가 길게 달리는 캔들과 다르게 위 꼬리가 없고 종가가 고가와 같은 모습의 캔들입니다.

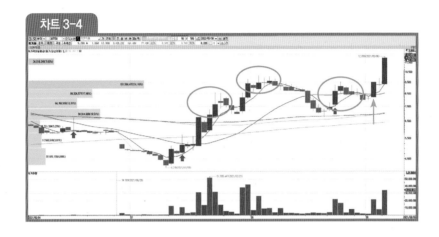

차트 3-4

<차트 3-4>를 봅시다. 파랑 화살표 캔들(2021년 9월 2일의 위 꼬리가 없는 캔들)이 나온 다음, 다음 날에 국전약품은 상한가를 갔습니다. 국전약품은 유튜브 '스티브 유 인베스트'에서 사랑 멤버십 회원들에게 처음으로 종가매매 종목으로 공유했던 깃입니다.

차트 3-5

<차트 3-5>에서 네모 박스 쳐놓은 거래량을 확인해봅시다. 최근의 거래량이 폭발적으로 증가한 모습을 확인할 수 있습니다. 국전약품은 샤페론의 코로나19 치료제 임상시험이 구체화되고 있다는 소식에 이슈가 되었습니다. 샤페론에 코로나19 치료제 후보물질의 원료 약품을 공급하고 있어 최대 수혜주로 시장에서 이슈가 되었던 것입니다.

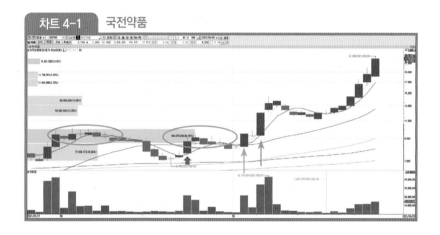

차트 4-1   국전약품

<차트 4-1>은 파랑 화살표(위 꼬리가 없는 캔들)와 주황 화살표(급등) 이후 주가의 모습을 나타낸 차트입니다. 보시면 아시겠지만, 이후에도 큰 시세를 주며 좋은 모습을 보여줬습니다.

차트 4-2   바이오로그디바이스

　　<차트 4-2>는 파랑 화살표(위 꼬리가 없는 캔들)와 주황 화살표(급등) 이후 주가의 모습을 나타낸 차트입니다. 보시면 아시겠지만, 주황 화살표의 캔들이 고점으로 주가는 하락했습니다.

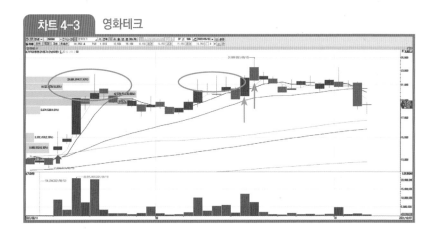

차트 4-3   영화테크

　　<차트 4-3>은 파랑 화살표(위 꼬리가 없는 캔들)와 주황 화살표(급등) 이후 주가의 모습을 나타낸 차트입니다. 보시면 아시겠지만, 주황 화살표의 캔들이 고점으로 주가는 하락했습니다.

앞의 차트들(4-1~4-3)을 재확인해봅시다. 앞의 차트들에서 동그라미, 파랑 화살표, 주황 화살표 표시를 봅시다. 동그라미는 일정 주가 구간에서 저항대, 즉 위 꼬리 달리는 캔들이 자주 나오는 자리입니다.

그리고 파랑 화살표는 그 저항대를 돌파하는 종가와 고가가 비슷하거나 같은 꽉찬 양봉을 표시합니다. 주황 화살표는 그 파랑 화살표 캔들 다음 날 캔들 표시입니다.

이 차트들을 보시면 아시겠지만, 한 가지 명심해야 할 것이 있습니다. 국전약품은 그 종가매매할 수 있는 캔들(파랑 화살표)이 나오고 나서 그다음 날(주황 화살표) 이후도 주가가 추가로 상승하며 좋은 흐름을 보여줬습니다. 그러나 바이오로그디바이스와 영화테크는 주가는 고점을 찍고 하락했습니다.

즉, 폭발적으로 거래량이 증가하며 전 고점을 돌파할 때는 차익매물이 나오면서 주가의 고점일 수도 있는 점을 꼭 알아야 한다는 것입니다.

⚠️ **주의사항** 시장에서 이슈되고 있거나 되었던 종목 중에서 아직 이슈가 살아 있는 종목에 적용해야 합니다. 즉, 거래량이나 거래대금이 크게 상승하거나 있는 종목에 적용해야 합니다. 시장에서 소외되며 거래량이나 거래대금이 없는 종목에는 적용되지 않습니다.

시초가에 급등하는 종목을
편안하고 안정적으로 매매하는 기법

갭은 전일 종가보다 당일 시가가 공백을 두고 상승하거나 하락했을 때 나오는 공간을 말합니다.

상승 갭은 전일 장 마감 후 호재로 발생합니다. 예를 들어, 코로나19 치료제나 백신 같은 것들의 긴급 사용 승인이나 바이오나 제약 회사의 임상 결과가 좋게 나올 때 발생합니다. 그리고 일반적인 회사는 매출이나 실적이 시장에서 예상한 것보다 크게 상승하거나 삼성이나 애플, 그리고 테슬라 같은 대기업에 납품 계약처럼 호재로 강력한 매수세가 들어오면서 시초가에 상승 갭이 발생합니다.

시초가의 상승 갭은 그 갭을 주고 더 급등하며 상한가까지 가는 경우도 있습니다. 그러나 추가 상승을 하는 경우도 상승 갭을 주고 주가가 밀리면서 눌림을 주고 상승하는 경우들이 많습니다.

시초가에 상승 갭으로 시작하는 종목을 매매하는 이유가 있습니다. 호재로 인해서 너도나도 관심을 가지고 매매를 하려고 합니다. 많은 거래량을 동반하기 때문에 매매하기 편하기 때문입니다. 그 거래량만큼 시장의 돈이 몰린다는 것입니다.

그래서 그 시초가의 상승 갭에 대응할 수 있는 방법을 공부하고 연구했습니다. 수개월 동안 매일 시초가에 상승 갭을 주는 종목들을 모두 관심 종목에 담아두었습니다. 그 종목들이 상승 갭을 주고 어떤 방향으로 흘러갔는지 매일매일 확인하고 공부하며 분석했습니다.

그리고 시초가에 상승 갭을 주는 종목들은 그 이후에 여러 가지 패턴으로 흘러갔습니다. 그 여러 가지 패턴 중에서 다른 패턴들보다 조금 더 높은 확률의 패턴을 찾았습니다. 그리고 그 패턴은 다른 패턴들보다 훨씬 더 안정적이고 편안하게 매매를 할 수 있었습니다.

그 패턴은 시초가에 상승 갭을 주고 이후에 주가가 하락하면서 3~5% 정도 밀리면서 눌림을 주고 반등을 주는 패턴입니다. 수개월을 분석하고 연구하며 경험으로 찾았습니다. 그 패턴은 상승 갭의 시조가에서 3~5% 정도 주가의 하락을 가정합니다. 그리고 그 부근에서 지지 라인과 눌림자리를 찾는 방법입니다. 그 지지 라인과 눌림자리로는 전고점 부근이나 전일 캔들의 종가나 시가 그리고 위 꼬리를 눌림자리로 보고 매매하는 방법입니다.

갭 상승 후 시초가 대비 주가의 하락을 3~5%로 잡은 이유가 있습니다. 대부분 시초가에서 상승 갭을 주고 반등을 주는 자리가 시초가에서 3~5% 정도 주가가 하락 후에 반등을 줬던 종목들이 많았기 때문입니다.

많은 주식 전문가들이 손절매하기 힘들다는 초보 주식 투자가들에게 "손절매가 힘들면 손실이 3%가 되면 매도하라"라는 식의 조언을 합니다. 그리고 초보 주식 투자가들은 그 말을 듣고 아무 이유 없이 따라 합니다. 그래서 그 초보 주식 투자가들의 손절매 라인을 세력이 이용하기도 합니다.

시초가에 상승 갭을 주고 3~5%의 주가를 하락시킵니다. 그렇게 되면 호재로 시초가에 매수한 초보 주식 투자가들 기준으로 손절매 라인(-3%)을 이탈했기 때문에 초보 주식 투자가들은 매도합니다. 세력들이 매도를 유도하는 거죠. 그리고 그 매도 물량을 받으면서 반등을 줍니다.

손절매 라인은 1~2%로 짧게 잡습니다. 상승 갭이 있는 종목의 시초가에서 3~5% 하락하는 상황에서 매수 타이밍을 잡는 방법이기 때문입니다. 눌림에서 반등을 노리는 타이밍이죠. 그래야 손익비(손실은 적게 수익은 크게)가 맞는 매매를 할 수 있습니다. 시초가 갭에서 무작정 매수할 때보다 안정적이고 편안하게 매매할 수 있습니다.

시그네틱스

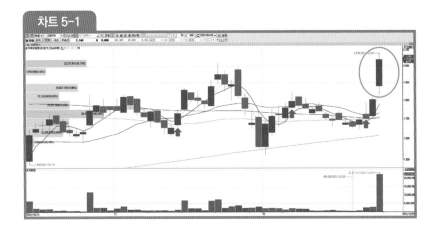

차트 5-1

<차트 5-1>에서 동그라미 표시 안의 캔들을 봅시다.

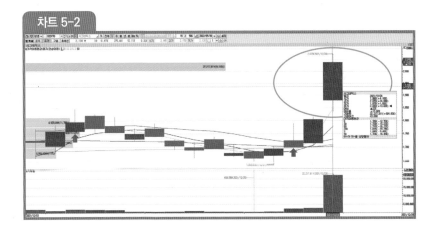

차트 5-2

<차트 5-2>는 <차트 5-1>의 동그라미 안의 캔들의 등락률을 나타낸 것입니다. 2021년 12월 24일의 캔들이고 시가 1,880원(+4.16%), 고가 2,070원(+14.68%), 저가 1,835원(+1.66%), 종가 2,040원(+13.02%)을 기록했습니다.

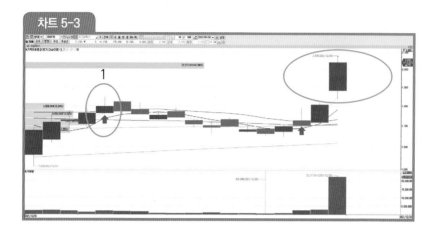

차트 5-3

<차트 5-3>에서 1번 동그라미 안의 캔들을 확인합니다. 그리고 그 캔들의 고가에 <차트 5-4>처럼 라인을 체크합니다.

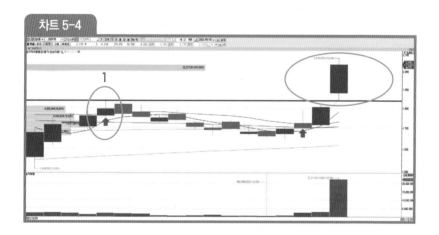

차트 5-4

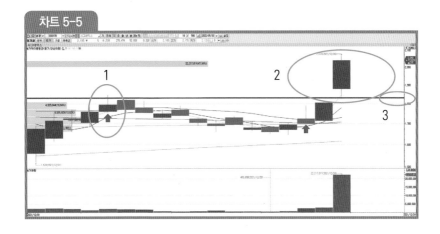

<차트 5-5>는 각각의 포인트를 숫자(1~3번)로 표시한 차트입니다.

<차트 5-5>에서 1번, 2번, 3번, 동그라미를 확인해봅시다. 1번 동그라미는 전 고점의 표시입니다. 2번 동그라미는 2021년 12월 24일의 캔들입니다. 3번은 전 고점 부근의 가격대를 나타냅니다. 2021년 12월 24일의 캔들(2번)은 시초가 1,880원(+4.16%)으로 갭 상승 후 저가 1,835원(+1.66%)을 찍고 반등하며 고가 2,070원(+14.68%)까지 상승했습니다.

즉, 2021년 12월 24일의 캔들은 시가에 상승 갭(+4.16%)을 주고 이후 주가를 3~5% 하락 후 전 고점(3번 동그라미 1,845원) 부근에서 눌림을 주고 급등했습니다.

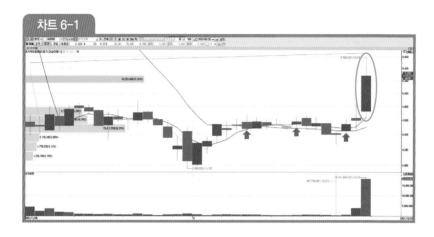

차트 6-1

한국선재의 차트입니다. <차트 6-1>에서 동그라미 표시 안의 캔들을 봅시다.

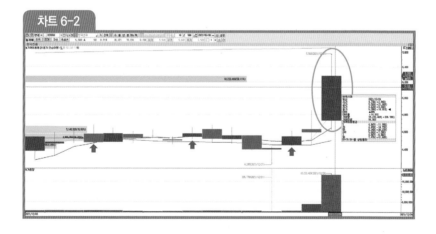

차트 6-2

<차트 6-2>는 <차트 6-1>의 동그라미 안의 캔들의 등락률을 나타낸 것입니다. 2021년 12월 24일의 캔들이고 시가 4,730원(+2.94%), 고가 5,560

원(+21%), 저가 4,620원(+0.54%), 종가 5,280원(+14.91%)을 기록했습니다.

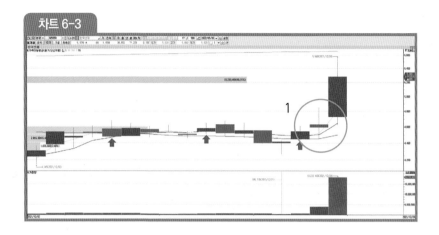

차트 6-3

<차트 6-3>에서 1번 동그라미 표시 안의 캔들을 확인합니다. 그리고 그 캔들의 시가에 라인을 <차트 6-4>처럼 체크합니다.

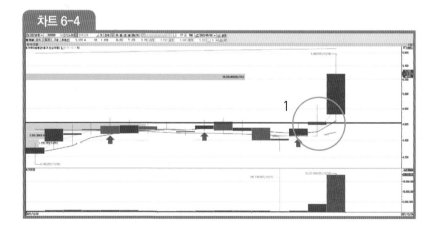

차트 6-4

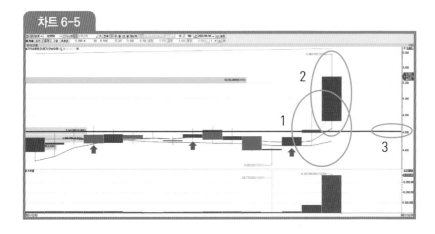

차트 6-5

<차트 6-5>는 각각의 포인트를 숫자(1~3번)로 표시한 차트입니다. <차트 6-5>에서 1번, 2번, 3번, 동그라미를 확인해봅시다. 1번 동그라미는 전 고점의 표시입니다. 2번 동그라미는 2021년 12월 24일의 캔들입니다. 3번은 전 고점 부근의 가격대를 나타냅니다.

2021년 12월 24일의 캔들(2번)은 시조가 4,730원(+2.94%)으로 갭 상승 후 저가 4,620원(+0.54%)을 찍고 반등하며, 고가 5,560원(+21%)까지 까지 상승했습니다. 즉, 2021년 12월 24일의 캔들은 시가에 상승 갭 4,830원(+2.94%)을 주고, 이후 주가를 3~5% 하락 후 전 고점(3번 동그라미 4,630원) 부근에서 눌림을 주고 급등했습니다.

한국선재 같은 경우는 시그네틱스와 다르게 전 고점이 전일의 캔들입니다. 상승 갭이 크지 않을 때는 전일의 캔들의 시가, 종가를 지지 라인으로 볼 수 있습니다.

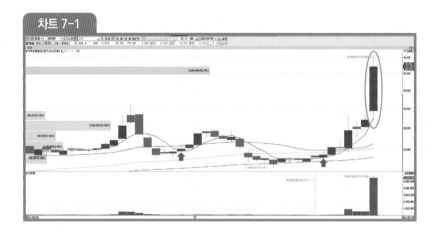

차트 7-1

조비의 차트입니다. <차트 7-1>에서 동그라미 표시 안의 캔들을 봅시다.

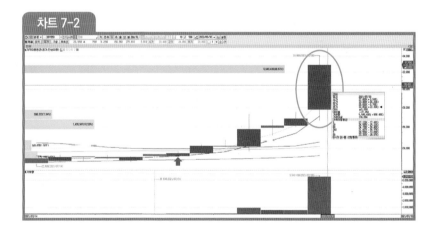

차트 7-2

<차트 7-2>는 <차트 7-1>의 동그라미 안의 캔들 등락률입니다. 2021
년 7월 30일의 캔들이고 시가 27,800원(+3.54%), 고가 33,900원(+26.26%),

저가 26,650원(-0.74%), 종가 32,850원(+22.35%)을 기록했습니다.

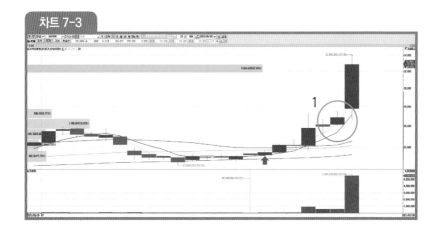

차트 7-3

<차트 7-3>에서 1번 동그라미 안의 캔들을 확인합니다. 그리고 그
캔들의 시가에 <차트 7-4>처럼 라인을 체크합니다.

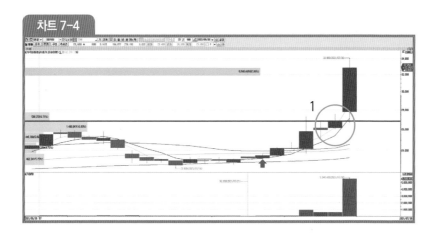

차트 7-4

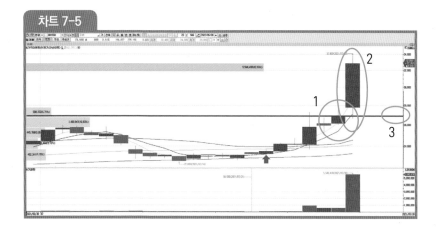
차트 7-5

<차트 7-5>는 각각의 포인트를 숫자(1~3번)로 표시한 차트입니다. <차트 7-5>에서 1번, 2번, 3번, 동그라미를 확인해봅시다. 1번 동그라미는 전 고점의 표시입니다. 2번 동그라미는 2021년 7월 30일의 캔들입니다. 3번은 전 고점 부근의 가격대를 나타냅니다.

2021년 7월 30일의 캔들(2번)은 시초가 27,800원(+3.54%)으로, 갭 상승 후 저가 26,650원(-0.74%)을 찍고 반등하며 고가 33,900원(+26.26%)까지 상승했습니다. 즉, 2021년 7월 30일의 캔들은 시가에 상승 갭 27,800원(+3.54%)을 준 후, 주가를 3~5% 하락 후 전 고점(3번 동그라미 26,650원) 부근에서 눌림을 주고 급등(+26.26%)했습니다.

그리고 한국선재와 조비는 시그네틱스와 다르게 전 고점이 전일의 캔들입니다. 상승 갭이 크지 않을 때는 전일의 캔들의 시가, 종가를 지지 라인으로 볼 수 있습니다.

앞의 세 종목의 설명을 통해 이해하셨겠지만, 중요한 부분인 만큼 다시 한번 설명하겠습니다. 앞의 기법은 시초가에 상승 갭 후 눌림을 주고 시세를 주며 급등하는 종목의 매수 타이밍을 잡는 방법입니다. 갭의 시초가에 가격 라인을 만들어놓습니다. 그리고 그 가격에서 3~5% 빠지는 곳에서 전 고점의 지지 라인이나 전일 캔들의 지지 라인이 될 수 있는 시가와 고가 그리고 종가를 확인합니다. 그 겹치는 곳에 라인을 설정해서 매수 타이밍으로 잡습니다. 갭의 크기와 위치마다 지지 라인은 변경될 수 있습니다.

그리고 손절매 라인은 되도록 짧게 잡습니다. 왜냐하면 눌림에서 잡는 매수 타이밍이기 때문입니다. 손실을 적게, 수익은 크게 하며 손익비를 맞출 수 있습니다.

마지막으로 시초가에 상승 갭을 주고 눌림을 주지 않고 바로 급등을 하는 종목들은 마음 편하게 보내주는 것이 좋습니다. 경험상 어떤 종목의 이슈나 재료의 정확한 판단이 되지 않는 상황에서 시초가에 상승 갭에서 매수한다면 실패할 확률이 높기 때문입니다. 보유자의 영역인 것입니다.

여기까지 종가매매 방법과 갭 대응 방법에 대해서 설명했습니다. 이는 누구에게 배운 것이 아닙니다. 제가 수개월 동안의 연구와 분석, 그리고 경험을 통해서 알게 된 방법입니다. 꼭 매매에 적용해서 여러분이 수익을 낸다면 정말 행복할 것 같습니다.

그러나 주식에서 100% 성공만 하는 기법은 없습니다. 주식에는 오직 100% 대응만 있을 뿐입니다. 항상 자만하지 말고 욕심내지 말고 자신의 매매 기준과 원칙을 만들어서 대응합시다.

⚠️ **주의사항** 시장에서 이슈되고 있거나 되었던 종목 중에서 아직 이슈가 살아 있는 종목에 적용해야 합니다. 즉, 거래량이나 거래대금이 크게 상승하거나 있는 종목에 적용해야 합니다. 시장에서 소외되며 거래량이나 거래대금이 없는 종목에는 적용되지 않습니다.

악재로 빠지는
갭 하락 대응 기법

하락 갭은 상승 갭과 반대로 전일 장 마감 후 악재로 발생합니다. 예를 들면, 회사의 분식회계나 횡령, 내부자 거래와 같은 악재로 강력한 매도세가 들어오면서 하락 갭이 발생합니다.

하락하는 갭을 이용하는 매매를 '낙주매매'라고 합니다. 낙주매매는 단기간에 급락 폭이 클 때 기술적인 반등을 노리는 투자 방법입니다. 낙주매매를 할 때는 매매하려는 차트의 기술적인 분석도 중요합니다. 그러나 가장 중요한 것은 하락하는 이유, 즉 악재의 크기를 판단해서 그 악재가 회사의 존폐를 결정할 정도인지, 아닌지를 판단할 수 있는 판단력이 가장 중요합니다. 악재의 크기를 판단해서 회사가 망할 정도의 악재가 아니라는 판단이 있을 때, 해야 하는 매매입니다.

에코프로를 예로 들어보겠습니다. 에코프로는 내부자 거래라는 악재로 3일 만에 주가가 40% 이상이 폭락했습니다. 내부자 거래가 악재인 것은 맞지만, 회사를 망하게 할 정도의 악재일까요?

그것은 회사마다 다를 수 있습니다. 미래가치도 좋고 사업도 잘되며 영업이익도 매년 증가하고 있는 회사이고, 내부자 거래로 상장폐지가 되지 않을 것으로 생각했다면 에코프로와 같은 종목은 낙주매매가 가능합니다.

이제 여기서 봐야 할 부분이 있습니다. 앞에서 설명했던 기술적인 분석이 가능해야 합니다. 다음 에코프로의 차트를 보고 낙주매매를 가능하게 볼 수 있는 자리를 찾아야 합니다. <차트 8-1>을 보면서 만약 여러분이 낙주매매를 한다면, 어느 라인에서 매수 타점을 잡을 것인지 체크해봅시다.

에코프로

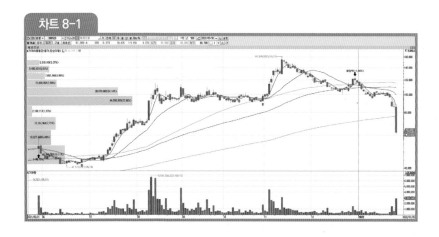

차트 8-1

차트 8-2

<차트 8-2>에서 왼쪽의 1번 동그라미 표시를 확인해봅시다.

<차트 8-3>은 <차트 8-2>에서 1번 동그라미 표시를 확대한 차트입니다.

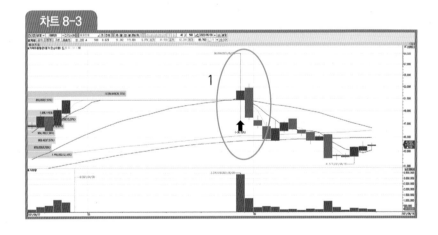

차트 8-3

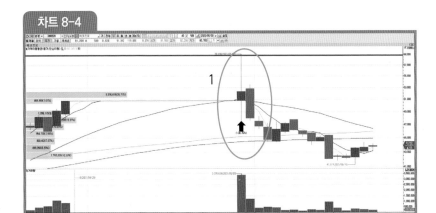

차트 8-4

<차트 8-4>는 <차트 8-3>의 1번 동그라미 표시 안의 캔들(2021년 5월 28일)의 고가에 가격을 체크한 차트입니다.

차트들에 표시해놓은 1번 동그라미의 캔들을 봅시다(2021년 5월 28일). 그 캔들을 기준 봉으로 잡을 수 있습니다. 왜냐하면 그 캔들은 에코프로가 분할 후 재상장 첫날이었고, 대량의 거래가 터진 날이기 때문에 기술적으로 반등을 줄 수 있는 자리로 볼 수 있는 것입니다. 그래서 그 캔들의 위 꼬리를 매수 타점으로 잡을 수 있습니다. 그렇게 그 캔들(2021년 5월 28일)의 고점에 <차트 8-5>의 모습처럼 주가 라인을 만듭니다.

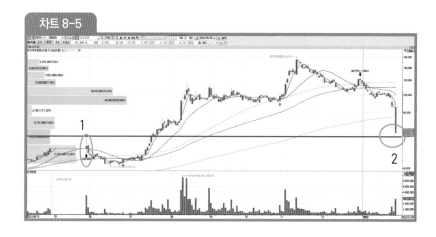

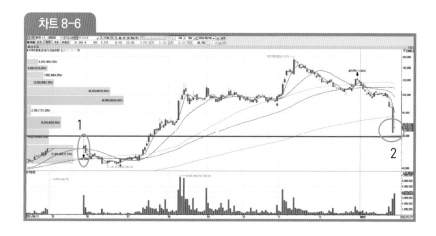

    <차트 8-6>에서 2번 동그라미는 에코프로가 2022년 1월 26일 주식 내부자 거래 혐의로 급락한 다음 날의 차트 모습입니다.

차트 8-7

<차트 8-7>에서 2번 동그라미는 에코프로가 2022년 1월 26일 주식 내부자 거래 혐의로 급락한 다음다음 날의 차트 모습입니다.

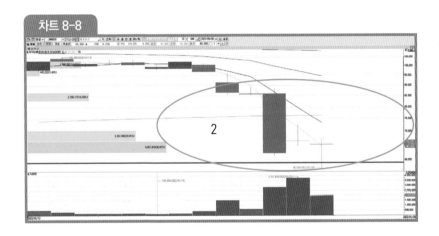

차트 8-8

<차트 8-8>은 <차트 8-7>의 2번 동그라미 표시를 확대한 차트입니다. <차트 8-4>의 1번 동그라미 안의 기준봉(에코프로가 분할 후 재상장 첫날이었고 대량의 거래가 터진 날 2021년 5월 28일)의 고점 부근에서 정확히 반등했습니다.

그리고 주의할 점은 손절매 라인은 1~2%로 짧게 잡고 대응을 해야 합니다. 만약 더 하락한다면 다음 기술적인 반등을 노릴 수 있는 라인은 5만 원 부근으로 보이는 차트이기 때문입니다. 그 라인에서 반등을 주지 못한다면 강제적으로 장기 투자를 해야 할 상황이 올 수도 있기 때문입니다.

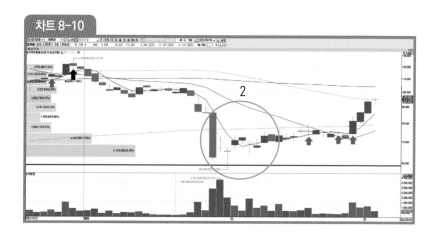

<차트 8-9>와 <차트 8-10>은 2번 동그라미 부근(1번 동그라미 캔들의 고점)에서 반등하고 이후 차트의 모습입니다. 보시는 것과 같이 주가는 추가적으로 좋은 흐름을 보여줬습니다.

　　지금까지 낙주매매(악재로 갭 하락이나 급락하는 종목 매매)에 대해서 설명했습니다. 하지만 낙주매매를 추천하는 것은 아닙니다. 앞에서 설명한 대로 낙주매매를 하기 위해서는 차트를 이해하는 기술적인 부분이 필요합니다. 그리고 악재의 크기를 판단할 수 있는 정확한 판단력이 요구됩니다. 또한, 악재로 빠지는 종목의 반등을 공략하는 것보다 호재로 상승하는 종목으로 수익을 내는 것이 훨씬 더 안정적이고 편하기 때문에 낙주매매를 추천하지는 않습니다.

　　⚠️ **주의사항** 시장에서 이슈되고 있거나 되었던 종목 중에서 아직 이슈가 살아 있는 종목들에 적용해야 합니다. 즉, 거래량이나 거래대금이 크게 상승하고 있는 종목에 적용해야 합니다. 시장에서 소외되며 거래량이나 거래대금이 없는 종목에는 적용되지 않습니다.

음봉으로 세력에게
털리지 않는 방법

앞에서 설명했듯이 호재로 강력한 매수세가 들어오면서 상승 갭이 나옵니다. 그리고 그 호재의 크기에 따라 당일 큰 거래량이 나오면서 주도 주가 될 수도 있습니다. 그리고 그 종목의 재료가 크면 클수록 급등을 하면서 상한가를 갈 수도 있습니다.

그러나 여기서 한 가지 생각해봐야 할 부분이 있습니다. 그것은 주식 투자를 하는 사람이라면 누구나 알고 있는 정보와 종목일 수 있다는 것입니다. 누구나 알 수 있는 정보와 종목에 대해 세력이 있다고 가정해봅시다. 만약 여러분이 그 세력이라면 그 정보를 어떻게 이용할까요? 시초가에 상승 갭을 주고 바로 급등시키면서 너도나도 그 종목을 매수한 모든 사람에게 같이 돈 벌자며 수익을 주면서 주가를 올릴까요? 아니면 종목의 호재를 듣고 찾아온 투자가들이 시초가에 상승 갭에서 매수하면, 주가를 하락시켜 개미들을 털며 개미들이 던진 물량을 매집하고 다시 주가를 올릴까요? 개미들과 반대로 세력의 입장에서 생각할 필요가 있습니다.

다음 차트들은 시초가에 상승 갭을 주고 음봉을 줬지만, 주가는 플러스로 마감을 한 캔들의 차트 모습입니다. 그리고 대량의 거래가 발생했습니다. 이후 주가가 어떤 방향으로 갔는지 추적 관찰해봅시다.

에브리봇

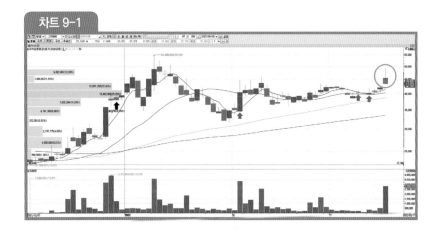

차트 9-1

<차트 9-1>에서 동그라미 표시 안의 캔들을 확인해봅시다. 음봉이지만 +로 마감했고 대량의 거래가 발생했습니다.

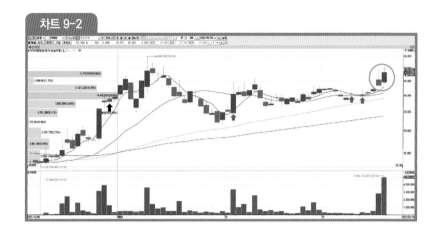

　　<차트 9-2>의 동그라미 안의 캔들을 확인해봅시다. <차트 9-1>의
음봉(동그라미 안의 캔들) 다음 날의 캔들입니다.

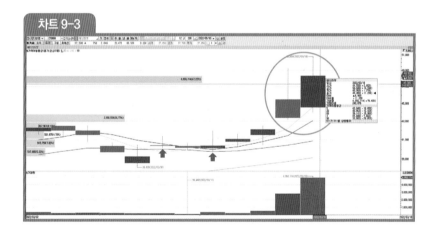

　　<차트 9-3>은 <차트 9-2>의 동그라미 안의 캔들을 확대한 모습입니
다. 보시는 것과 같이 2022년 3월 17일의 캔들이 갭 상승 후 음봉이지
만 +로 마감했습니다. 그리고 대량의 거래가 발생했습니다. 그 음봉 캔
들이 발생한 다음 날 16.59%까지 상승했습니다.

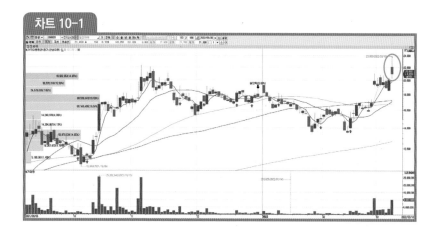

일진파워의 차트를 보겠습니다. <차트 10-1>에서 동그라미 표시 안의 캔들을 확인해봅시다. 음봉이지만 +로 마감했고 대량의 거래가 발생했습니다.

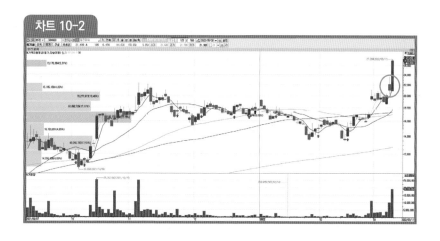

<차트 10-2>에서 동그라미 안의 캔들을 확인해봅시다. <차트 10-1>

의 음봉(동그라미 안의 캔들) 다음 날의 캔들입니다.

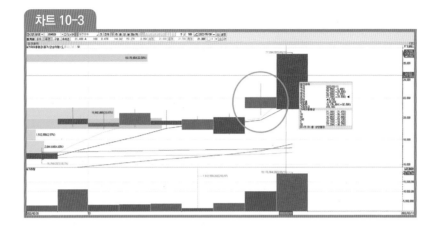

차트 10-3

<차트 10-3>은 <차트 10-2>의 동그라미 안의 캔들을 확대한 모습
입니다. 보이는 것과 같이 2022년 3월 10일 캔들이 갭 상승 후 음봉이
지만 +로 마감했습니다. 그리고 대량의 거래가 발생했습니다. 그 음봉
캔들이 발생한 다음 날 상한가로 마감했습니다.

차트 11-1

이번에는 한신기계 차트를 보겠습니다. <차트 11-1>에서 동그라미 표시 안의 캔들을 확인해봅시다. 음봉이지만 +로 마감했고 대량의 거래가 발생했습니다.

차트 11-2

<차트 11-2>에서 동그라미 안의 캔들을 확인해봅시다. <차트 11-1>

의 음봉(동그라미 안의 캔들) 다음 날의 캔들입니다.

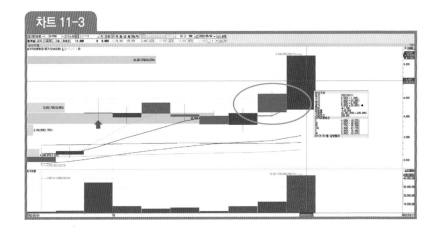

차트 11-3

<차트 11-3>은 <차트 11-2>의 동그라미 안의 캔들을 확대한 모습입니다. 보이는 것과 같이 2022년 3월 10일 캔들이 갭 상승 후 음봉이지만 +로 마감했습니다. 그리고 대량의 거래가 발생했습니다. 그 음봉 캔들이 발생한 다음 날 상한가로 마감했습니다.

그렇다고 시초가에 상승 갭을 주고 음봉이지만 +로 마감한 캔들이 무조건 다음 날 시세를 준다는 것은 아닙니다. 앞의 종목들처럼 시초가에 상승 갭을 주고 주가가 하락하면서 음봉이지만 +로 마감하고 다음 날 바로 급등하는 종목들도 있습니다. 하지만 추가적으로 더 깊게 하락하고 반등을 주는 종목들도 있고, 반등을 주지 않고 계속 하락하는 종목도 있기 때문입니다.

그러므로 종목 선정이 무엇보다 중요합니다. 우선 이슈, 재료의 크기를 확인해야 합니다. 단 한 번으로 끝나는 재료보다는 연속적이고 지속적인 재료나 이슈가 좋습니다.

예를 들어 어느 회사의 매출이 시장에서 예상한 것보다 훨씬 좋은 매출이 나왔습니다. 이를 어닝서프라이즈(Earning Surprise)라고 합니다. 그리고 주가에 미치는 영향은 하루 시세를 주며 반짝합니다. 또 북한의 미사일 발사를 예로 들 수 있습니다. 2010년 연평도 포격처럼 우리나라를 직접 공격한 경우가 아니고 동해상으로 미사일 발사를 한다면 관련주들이 하루 시세를 주면 반짝하죠. 이런 재료들을 일회성, 단기적인 재료로 볼 수 있습니다.

그렇다면 연속적이고 지속적인 재료로는 어떤 것들이 있을까요? 최근에 계속해서 좋은 흐름을 보여주고 있는 원전 관련주입니다. 왜 원전 관련주가 연속적이고 지속적인 좋은 재료인지를 살펴봅시다. 재료적으로는 올해 11월 전에 체코 두코바니 원전 수주를 위한 최종입찰을 합니다. 그리고 이집트의 엘다바 원전 사업에서 건설 분야 계약을 앞두고 있습니다. 게다가 사우디아라비아가 진행하는 원전 사업에는 예비사업사로 신청되어 있습니다. 또 폴란드 원진 재료까지 있습니다. 매출 쪽으로는 조 단위 계약입니다.

가장 중요한 재료는 정부에서 밀어주고 있습니다. 새 정부는 탈원전을 백지화하고 2030년까지 원전 비중을 전체 발전량의 30%대로 끌어올리려고 하고 있습니다. 더해서 현행 설계수명 만료일을 2~5년 전까지에서 5~10년 전까지로 앞당기는 방안을 발표했습니다. 저렇게 제도가 개선되면 새 정부 임기 중 계속 운전을 신청할 수 있는 원전이 애초보다 8기 증가한 최대 18기로 늘어납니다.

이와 같은 연속적이고 지속적인 좋은 재료를 가지고 있는 종목이라면 시초가에 갭 상승을 하고 음봉이지만 +로 마감한 종목에서는 몇 거래일 안으로 좋은 흐름을 보여줄 수 있습니다.

그럼 세력들은 왜 이와 같은 크게 갭 상승 후 음봉이지만 +로 마감한 캔들을 만들까요? 여러분이 보유 중인 종목이 시초가에 갭 상승으로 시작한다면 어떻게 대응할까요?

첫 번째는 오랜 기간 동안 물려 있는 종목이라면 빨리 탈출하고 싶은 마음이 있을 것입니다. 그게 아니라면 몇 개월 동안 마음고생을 했으니 '조금이라도 수익을 보고 나오자'라는 생각이 들 수 있죠.

두 번째는 신규 진입 후 갭 상승으로 수익 중일 수 있을 것입니다. 그럼 '어디서 팔아야 수익을 극대화할 수 있을까'라는 고민을 할 수 있겠죠. 그러나 그 종목이 갭 상승 이후에 상한가에 바로 간다면 누구도 팔지 않습니다. 왜냐하면 그다음 날도 갭 상승이나 급등을 기대하기 때문입니다.

그렇지만 그 갭 상승 후 상한가로 바로 가지 않고 급등 후 주가가 천천히 흘러내리면서 하락한다면 모두 매도를 생각합니다. 첫 번째 조건인 투자가들은 손실을 줄이거나 적은 수익이라도 보고 나가는 것이 맞다고 생각하기 때문입니다. 만약 다시 주가가 하락하면 또다시 몇 개월을 기다려야 한다는 심리적인 압박 때문입니다. 그리고 두 번째 조건인 투자가들은 어디서 팔아도 수익 중이기 때문에 매도로 수익을 확정합니다.

그렇게 세력들은 물린 투자가들과 수익 중인 투자가들의 물량을 받아 매집합니다. 그래서 그다음 날이나 몇 거래일 안에 다시 급등시킵니다. 이런 이유로 갭 상승 후 음봉을 만듭니다. 세력이 그 종목을 매집할 기간이 부족할 때 급하게 차트를 만들려고 할 때 나오는 캔들입니다.

> ⚠️ **주의사항** 시장에서 이슈되고 있거나 되었던 종목 중에서 아직 이슈가 살아 있는 종목들에 적용해야 합니다. 즉, 거래량이나 거래대금이 크게 상승하고 있는 종목에 적용해야 합니다. 시장에서 소외되며 거래량이나 거래대금이 없는 종목에는 적용되지 않습니다.

상한가나 급등 후
눌림자리 잡는 기법

급등이나 상한가를 가는 종목들은 거의 대부분 뉴스나 재료를 통해서 시장에서 이슈되면서 시세를 줍니다. 그리고 그 급등하는 대부분의 종목들은 급등 이후에 계속 급등하는 것이 아니라 조정을 주고 다시 급등합니다. 재료나 이슈가 살아 있는 종목이라면 말이죠.

미래생명자원

미래생명자원의 차트를 보겠습니다. <차트 12-1>에서 <차트 12-8>까지의 동그라미 안의 캔들을 자세히 봅시다.

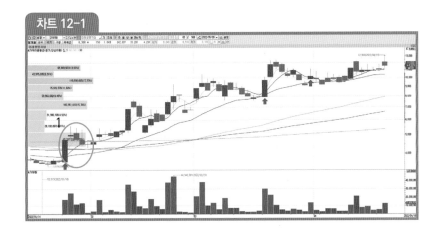

차트 12-1

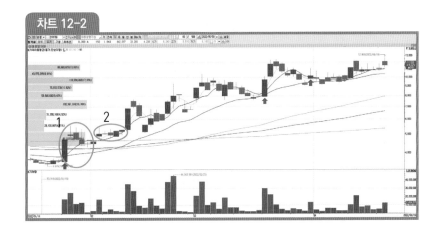

차트 12-2

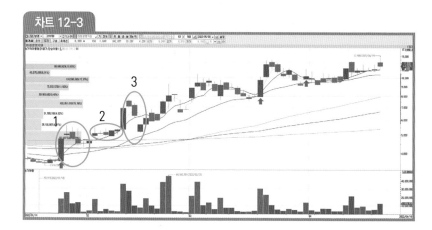

차트 12-3

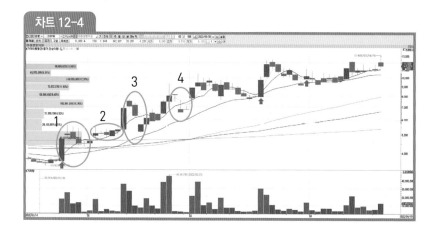

차트 12-4

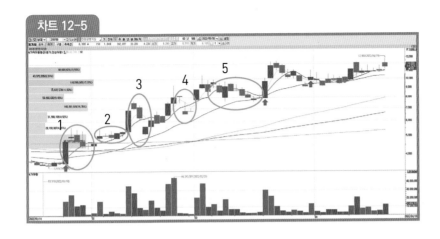

차트 12-5

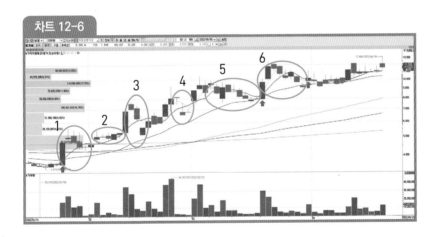

차트 12-6

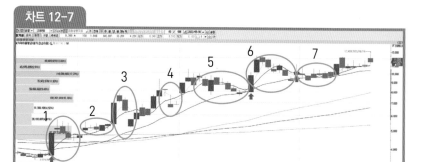

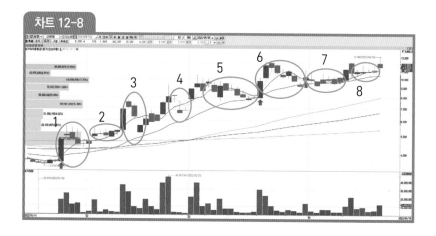

<차트 12-1>에서 <차트 12-8>까지의 동그라미 안의 캔들을 자세히 보면 알겠지만, 일정 패턴이 있습니다. 그 패턴은 급등 후 조정, 그리고 다시 급등의 과정을 거치면서 여덟 번의 큰 시세를 줬습니다. 즉, 계단 식으로 상승했습니다.

만약 급등 후 조정의 타이밍을 잡을 수 있었다면 적어도 여덟 번의

큰 수익을 낼 수 있었겠죠? 그렇다면 급등 후 조정의 타이밍을 잡을 수 있을까요? 네, 잡을 수 있습니다.

다음의 차트도 같은 미래생명자원의 차트입니다. 앞의 차트는 캔들에 집중했다면, 다음의 차트는 하단의 거래량에 집중해서 보시길 바랍니다.

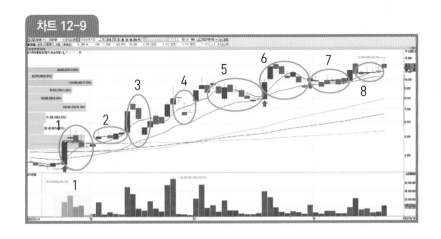

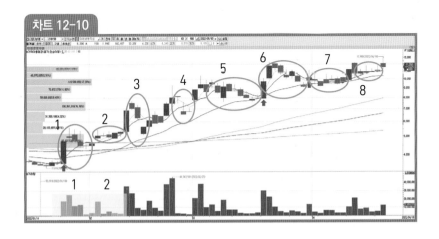

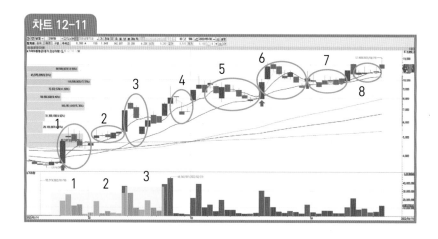

차트 12-11

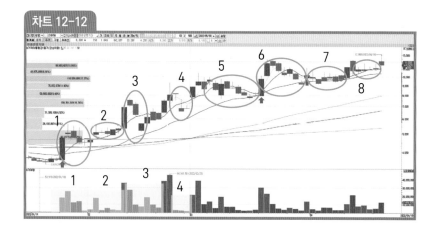

차트 12-12

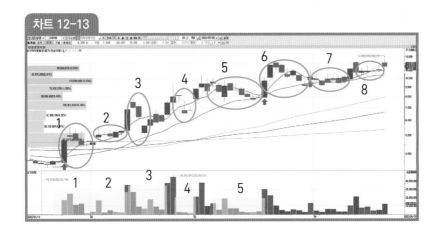

차트 12-13

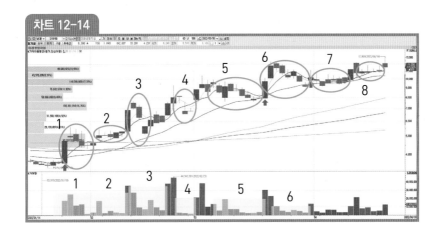

차트 12-14

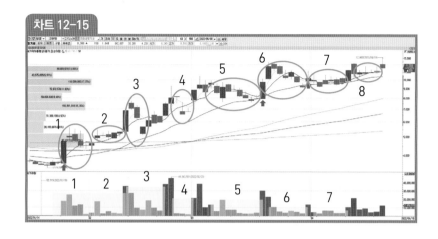

차트 12-15

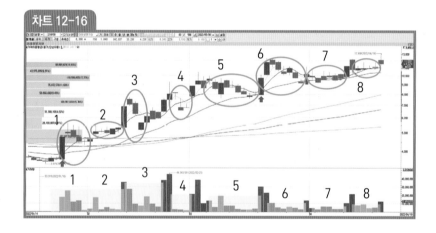

차트 12-16

앞의 차트들(12-9에서 12-16)에서 거래량을 표시한 네모 박스를 확인해 봅시다. 1~8번까지의 네모 박스 표시의 거래량을 확인해봅시다. 시장에서 어떤 재료로 이슈되면서 대량의 거래가 나오며 급등했습니다. 그리고 급등 후 주가는 조정을 주었습니다.

거래량이 급격하게 줄면서 최저 거래량을 확인할 수 있습니다. 최저 거래량이 나오고 그다음 날 다시 급등했습니다. <차트 12-17>에서 파랑 화살표 표시로 확인할 수 있습니다.

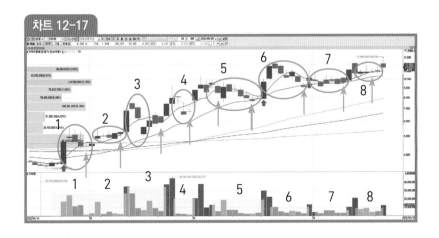

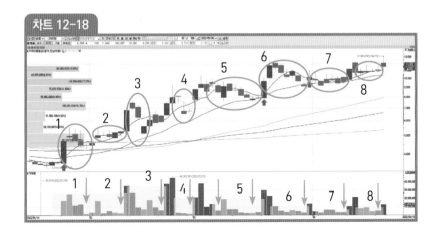

<차트 12-18>에서는 파랑 화살표의 거래량을 확인해봅시다. 1~8번 각각의 네모 박스 안에서 최저 거래량 이후 다음 날 시세를 주면서 급 등했습니다.

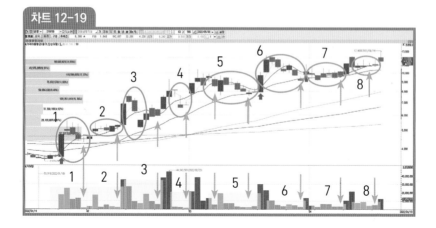

차트 12-19

　　<차트 12-19>에서는 캔들과 거래량을 함께 자세히 봅시다. 1~8번까지의 파랑 화살표들을 확인합시다. 거래량은 크게 줄면서 최저 거래량을 주었고 캔들은 작은 도지형의 캔들이 발생했습니다. 그리고 다음 날 시세를 주면서 급등했습니다.

　　미래생명자원은 러시아와 우크라이나의 전쟁 관련주입니다. 러시아와 우크라이나의 전쟁이 일어나면서 시장에서 이슈가 되었습니다. 우크라이나는 지구상에서 가장 비옥한 흑토지대 위에 있어서 유럽의 빵공장이라고 불릴 만큼 밀을 비롯한 곡물이 풍부하게 생산되는 나라입니다. 그래서 전쟁으로 우크라이나의 곡물 생산이 불가능해 식량 가격이 폭등하면서 단미사료 관련주인 미래생명자원이 큰 흐름을 보여줬습니다.

한신기계

다음으로 한신기계의 차트를 확인해봅시다. 미래생명자원과 같이 <차트 13-1>에서 <차트13-7>까지의 동그라미 안의 캔들을 자세히 봅시다.

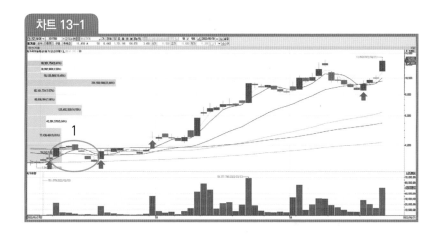

차트 13-1

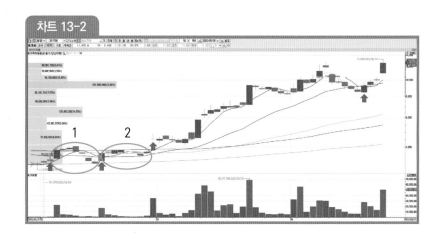

차트 13-2

CHAPTER 01 실전에서 쓸 수 있는 차트매매법 • 79

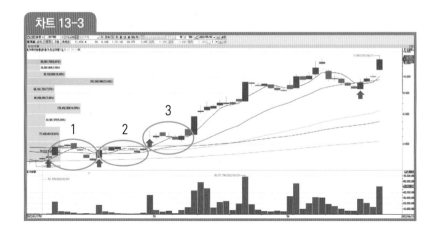

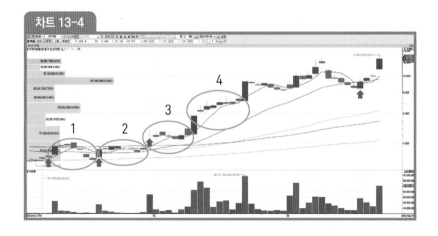

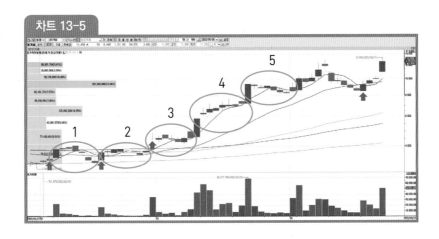

차트 13-5

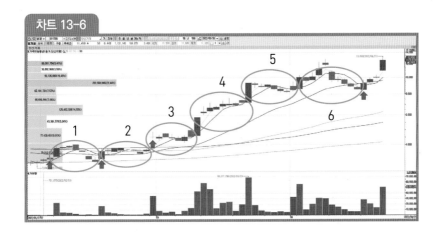

차트 13-6

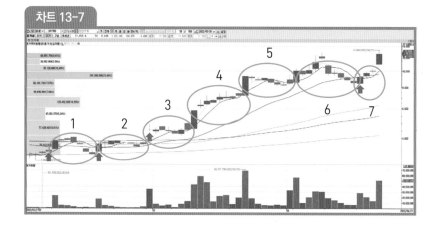

차트 13-7

　　<차트 13-1>에서 <차트 13-7>까지의 동그라미 표시 안의 캔들을 자세히 보면 알겠지만, 미래생명자원과 같은 일정 패턴이 있습니다. 그 패턴은 급등 후 조정, 그리고 다시 급등의 과정을 거치면서 일곱 번의 큰 시세를 줬습니다. 즉, 계단식으로 상승했습니다.

　　만약 급등 후 조정의 타이밍을 잡을 수 있었다면 미래생명자원과 함께 큰 수익을 낼 수 있었겠죠?

　　다음의 차트도 같은 한신기계의 차트입니다. 그러나 앞의 차트는 캔들에 집중했다면 다음 차트는 하단의 거래량을 집중해서 보시길 바랍니다.

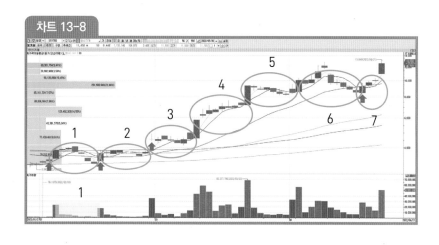

차트 13-8

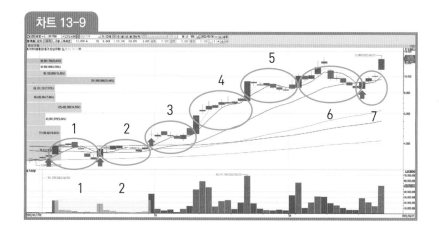

차트 13-9

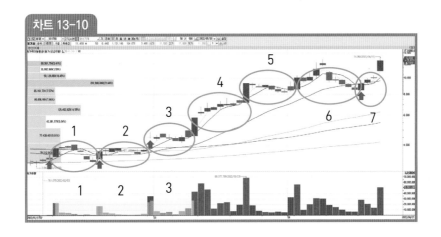

차트 13-10

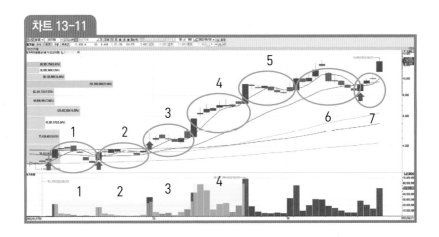

차트 13-11

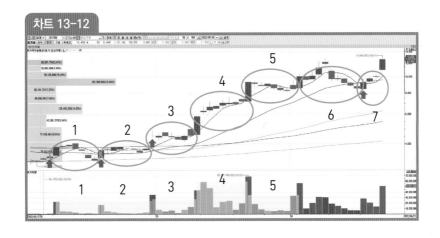

차트 13-12

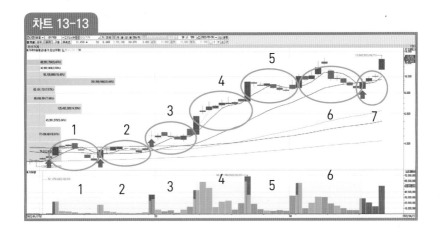

차트 13-13

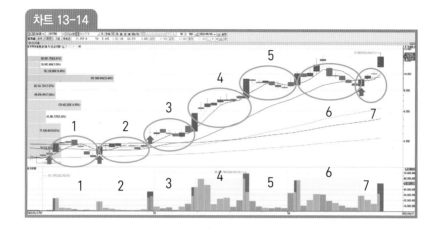

차트 13-14

앞의 차트들(13-8~13-14)에서 거래량을 표시한 네모 박스를 확인해봅시다. 1~7번까지의 네모 박스 표시의 거래량을 확인해봅시다. 시장에서 어떤 재료로 이슈가 되고 대량의 거래가 나오면서 급등했습니다. 그리고 급등 후 주가는 조정을 주었습니다.

거래량이 급격하게 줄면서 최저 거래량을 확인할 수 있습니다. 그리고 최저 거래량이 나오고 그다음 날 다시 급등했습니다. <차트 13-15>에서 파랑 화살표 표시로 확인할 수 있습니다.

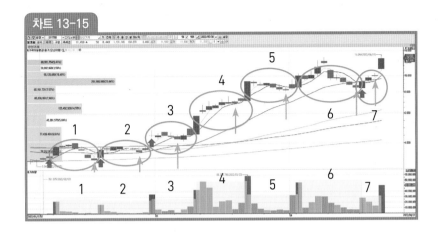

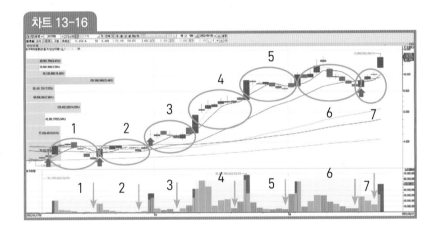

<차트 13-16>에서는 파랑 화살표의 거래량을 확인해봅시다. 1~7번 각각의 네모 박스 안에서 최저 거래량 이후 다음 날 시세를 주면서 급등했습니다.

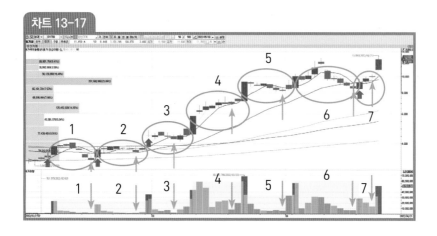

차트 13-17

<차트 13-17>에서는 캔들과 거래량을 함께 자세히 봅시다. 1~7번까지의 파랑 화살표들을 확인합시다. 거래량은 크게 줄면서 최저 거래량을 주었고, 캔들은 작은 도지형의 캔들이 발생했습니다. 그리고 다음 날 시세를 주면서 급등했습니다.

한신기계는 공기압축기를 생산하는 회사입니다. 윤석열 정부의 탈원전 정책 폐기와 대통령직 인수위원회가 2030년까지 원전 비중을 전체 발전량의 30%대로 끌어올리는 계획과 원전 최강국 공식화가 시장에서 이슈가 되었습니다. 게다가 체코, 폴란드, 루마니아, 이집트, 사우디아라비아의 국가들의 원전 사업 재료가 더해지면서 시장에서 엄청난 시세를 줬습니다.

퍼스텍

마지막으로 퍼스텍의 <차트 14-1>에서 <차트 14-3>을 봅시다. 1~6
번까지의 캔들과 거래량을 살펴보며 파랑 화살표 표시의 캔들과 거래
량을 집중해서 보겠습니다.

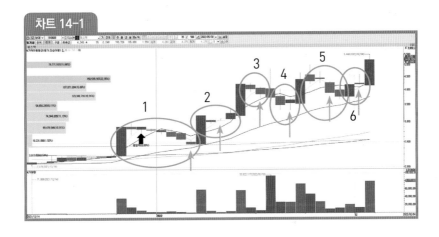

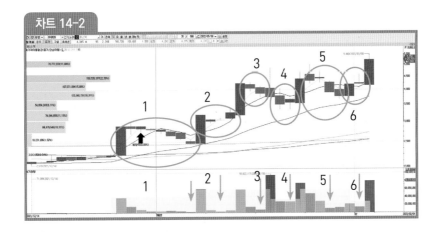

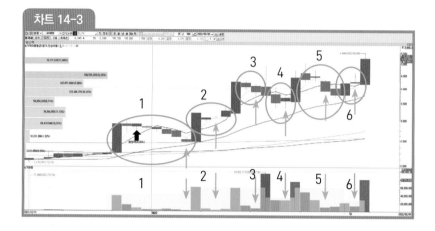

차트 14-3

앞의 차트들(14-1~14-3)을 보면 알겠지만, 퍼스텍은 미래생명자원과 한신기계처럼 시장에서 어떤 재료로 이슈가 되고 대량의 거래가 나오면서 급등했습니다. 그리고 급등 후 주가는 조정을 주었습니다. 거래량이 급격하게 줄면서 최저 거래량을 확인할 수 있습니다. 그리고 최저 거래량이 나오고 그다음 날 다시 급등했습니다. 그리고 미래생명자원과 한신기계와 같은 계단식의 패턴을 찾을 수 있습니다.

퍼스텍은 방위산업, 전자 계산기기, 정밀기계를 생산 및 판매하는 회사입니다. 그러나 로봇산업 융합핵심기술 개발사업인 수직이착륙 비행로봇 시스템 개발에 성공하면서 로봇 관련주로 이슈가 되었습니다. 그리고 국책과제의 일환으로 삼성과 로봇산업 기술 개발사업을 진행했다는 소식에 삼성 M&A 이슈로 큰 시세를 줬습니다.

즉, 앞에서 설명해드린 기법은 시장에서 어떤 이슈로 급등이나 상한가를 간 종목의 눌림을 매수 타이밍으로 잡는 방법입니다. 그 매수 타이밍은 거래가 대량으로 일어난 후에 거래량이 급격하게 줄면서 최저 거래량을 체크해두고, 그 최저 거래량을 돌파하는 날을 매수 타이밍으로 잡는 방법입니다.

그러면 왜 세력들은 급등 후에 거래량을 줄이면서 조정을 주고 다시 주가를 상승시킬까요? 그것은 어떤 종목이든 주가가 급등하게 되면 단타나 상따('상한가 따라잡기'의 줄임말로 상한가를 가거나 상한가에 가까워진 종목을 매수해서 그다음 날의 상승이나 갭 상승으로 수익을 노리는 매매기법)를 노리는 투자가들이 매수하게 됩니다.

그 단타나 상따를 노리고 들어온 투자가들은 단기간의 수익을 보러 들어간 종목이 몇 거래일 안에 시세를 주지 않고 거래량이 크게 줄면서 주가가 하락하면 매도를 하게 됩니다. 왜냐하면 단타를 보고 들어간 종목이기 때문에 손절매 라인을 보통 2~5%가 하락하게 되면 매도로 손절매하기 때문입니다. 그 단타로 들어온 투자가들의 매도로 매물이 나오면 세력은 그 물량을 받아 매집합니다.

그리고 거래량이 크게 주는 이유는 시장에서 관심받기를 원하지 않기 때문입니다. 거래량이 많다는 것은 그만큼 시장에서 주목을 받고 있다는 뜻입니다. 그러면 시장 참여자들도 많아집니다. 그러면 세력은 주가를 관리하기 힘들어지기 때문에 시장에서 소외되기 위해서 거래량을 크게 줄이는 것입니다. 그렇게 매집이 끝나고 시장에서 소외되었다고 생각하면 그때 다시 주가를 끌어올립니다. 그렇게 매집과 시장의 소외 그리고 주가 급등의 과정을 반복합니다.

　　⚠️ **주의사항** 시장에서 이슈되고 있거나 되었던 종목 중에서 아직 이슈가 살아 있는 종목에 적용해야 합니다. 즉, 거래량이나 거래대금이 크게 상승하거나 있는 종목에 적용해야 합니다. 시장에서 소외되며 거래량이나 거래대금이 없는 종목에는 적용되지 않습니다.

상한가나 급등 후 횡보하다 급등하는 패턴

휴림로봇

휴림로봇 차트입니다. <차트 15-1>에서 <차트 15-4>까지의 동그라미(1~4번) 표시 안의 캔들을 확인해봅시다.

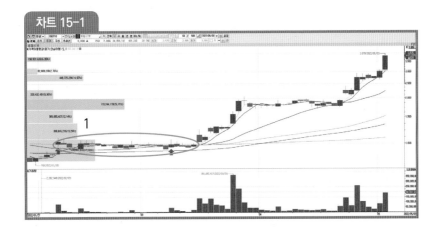

차트 15-1

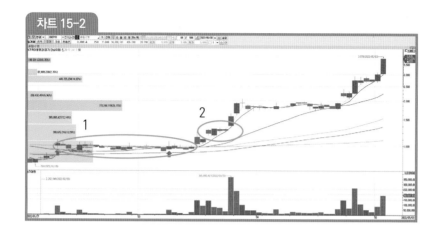

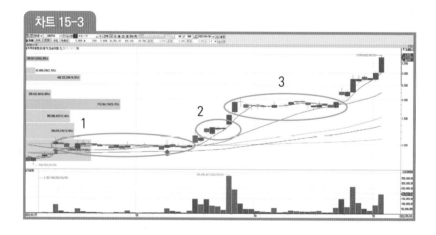

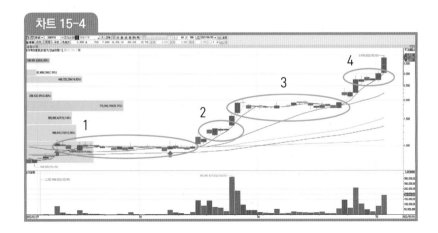

차트 15-4

<차트 15-1>부터 <차트 15-4>의 차트를 보시면 아시겠지만, 주가가 급등 후 일정 기간 횡보합니다. 다음의 차트들(15-5에서 15-8)은 <차트 15-1>부터 <차트 15-4>까지의 차트에서 동그라미 안의 캔들을 확대한 차트입니다.

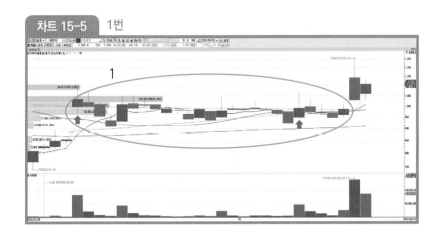

차트 15-5 1번

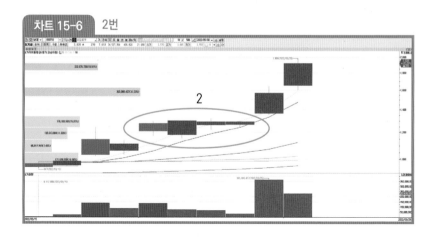

차트 15-6 2번

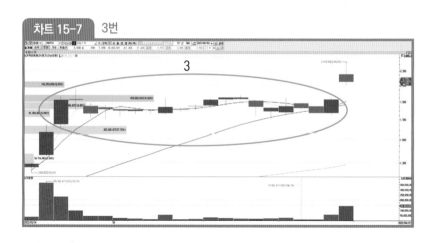

차트 15-7 3번

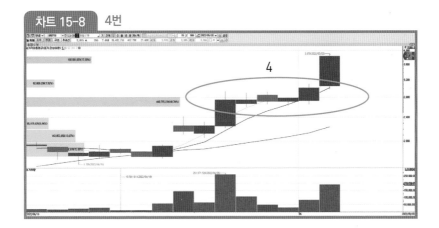

차트 15-8   4번

<차트 15-1>부터 <차트 15-8>까지의 동그라미 안의 캔들을 자세히 보시면 아시겠지만, 일정한 패턴이 있습니다. 그 패턴은 급등 후 기간 조정(길게는 한 달 이상 짧게는 며칠)을 주고, 다시 급등의 과정을 거치면서 네 번의 큰 시세를 줬습니다.

그리고 다음의 차트도 같은 휴림로봇의 차트입니다. 앞의 차트들(15-1 ~15-8)이 캔들에 집중했다면, 다음의 차트들은 거래량(1~4번까지)을 집중해서 보시길 바랍니다.

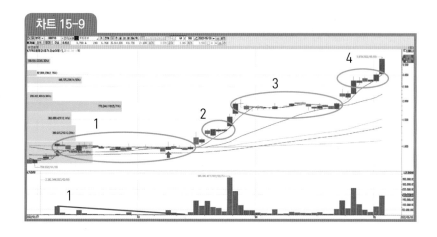

차트 15-9

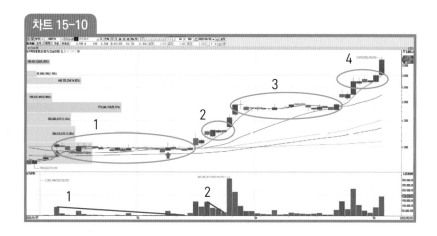

차트 15-10

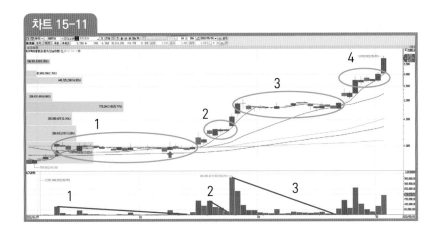

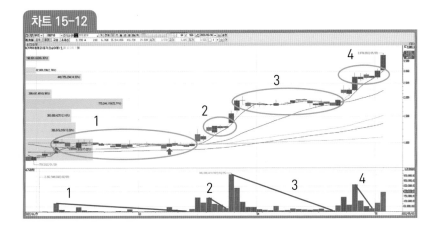

다음 차트들(15-13~15-16)은 거래량 1~4번을 확대한 차트입니다.

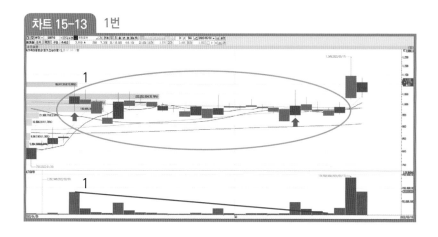

차트 15-13 1번

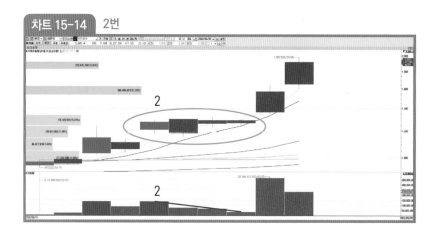

차트 15-14 2번

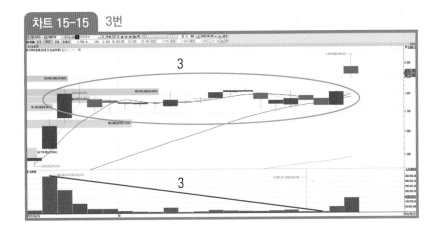

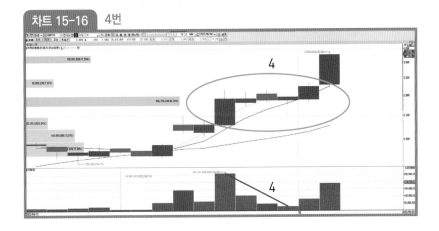

휴림로봇의 차트들(15-3~15-16)에서 거래량을 확인해봅시다. 어떤 이슈로 대량의 거래와 함께 주가가 급등했습니다. 그리고 그 후 거래량이 급격하게 주는 모습을 보여줍니다. 정상적으로는 거래량이 줄면 주가는 따라서 하락하게 되어 있습니다. 그러나 휴림로봇의 주가는 더 이상 하락하지 않고 횡보하다가 다시 급등하는 패턴입니다.

대원전선

다음 차트는 대원전선의 차트입니다. 휴림로봇과 마찬가지로 급등 후 거래량은 줄고 있는데 주가는 크게 하락하지 않고 옆으로 기는, 즉 박스권을 만들면서 횡보하는 모습을 보여주고 있습니다.

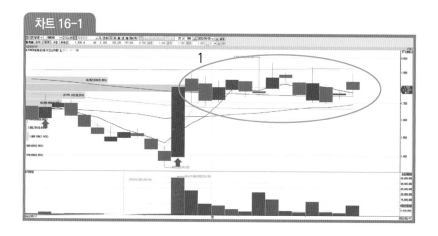

차트 16-1

<차트 16-1>의 1번 동그라미 안의 캔들을 확인해봅시다. 상한가 이후 주가는 횡보하는 모습을 보여줍니다. 그리고 <차트 16-2>에서는 거래량을 확인해봅시다.

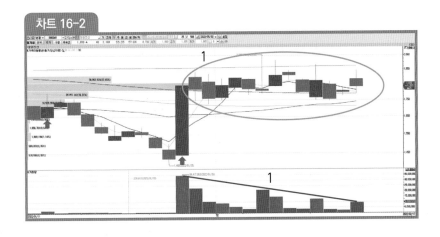

차트 16-2

<차트 16-2>에서 보이는 것과 같이 거래량(1번)이 주는 모습을 보여
줍니다.

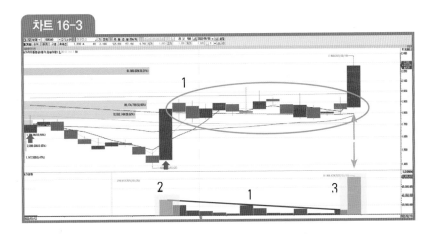

차트 16-3

<차트 16-3>의 파랑 화살표가 되어 있는 캔들과 거래량을 확인해봅
시다. 위의 파랑 화살표는 장대 양봉의 캔들을 가리키고, 아래의 파랑
화살표는 거래량을 가리킵니다.

대원전선은 어떤 이슈로 급등을 했습니다. 그 이후 거래량이 줄면서 주가는 하락하지 않고 박스권을 만들면서 횡보를 합니다.

그리고 첫 급등했던 자리의 거래량(2번)을 돌파(3번)하는 거래량이 나옵니다. 게다가 횡보하면서 만들었던 박스권을 돌파하며 급등합니다.

대한전선

다음은 대한전선의 차트입니다. 휴림로봇, 대원전선과 마찬가지로 급등 후 거래량은 줄고 있는데 주가는 크게 하락하지 않고 옆으로 기는, 즉 박스권을 만들면서 횡보하는 모습을 보여줍니다.

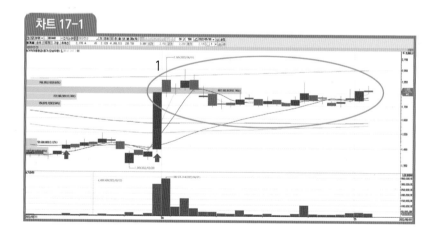

차트 17-1

<차트 17-1>의 1번 동그라미 안의 캔들을 확인해봅시다. 상한가 이후 주가는 횡보하는 모습을 보여줍니다. 그리고 다음의 <차트 17-2>에

서는 거래량을 확인해봅시다.

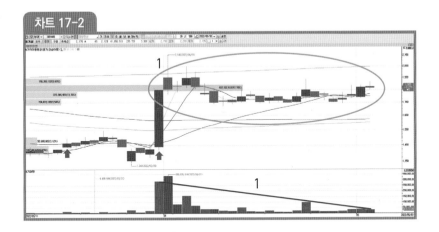

<차트 17-2>는 거래량(1번)이 주는 모습을 보여줍니다.

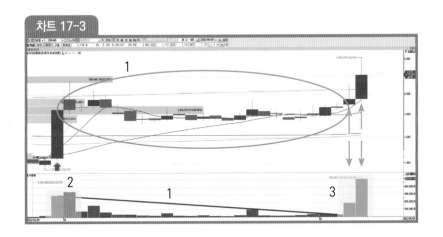

앞의 <차트 17-3>의 파랑 화살표가 되어 있는 캔들과 거래량을 확인해봅시다. 위의 파랑 화살표는 장대 양봉의 캔들을 가리키고, 아래의 파랑 화살표는 거래량을 가리킵니다.

대한전선은 어떤 이슈로 급등했습니다. 그 이후 거래량이 줄면서 주가는 하락하지 않고 박스권을 만들면서 횡보를 합니다.

그리고 휴림로봇, 대원전선과 같은 패턴으로 첫 급등했던 자리의 거래량(2번)을 돌파(3번)하는 거래량이 나옵니다. 게다가 횡보하면서 만들었던 박스권을 돌파하며 급등합니다.

여기서 한 가지 궁금한 점이 있어야 합니다. 그것은 무엇일까요? 그것은 '왜 거래량이 줄면 주가는 하락해야 될까?'라는 것입니다. 지금 책을 보고 계신 분 중에도 경험을 하신 분들이 계실 겁니다. 그것은 팔고 싶어도 사줄 사람이 없다는 것입니다. 즉, 거래량이 없어서 매도를 걸어 놓아도 매도가 되지 않는 것입니다. 그래서 더 낮은 호가에 매도하게 되고 주가는 하락하게 되는 것입니다. 그런데 거래량이 급격하게 계속 줄고 있는데도 주가가 빠지지 않는다면 주가를 관리하는 관리자가 있다는 것입니다. 그것을 노리는 매매입니다.

앞과 같은 패턴의 차트는 자주 나오는 패턴입니다. 꼭 외워서 매매에 적용하면 분명히 도움이 될 것입니다. 그리고 매수 타이밍은 파랑 화살표 자리입니다. 거래량이 줄면서 없다가 거래가 대량으로 이루어지면서 주가가 전 고점, 즉 박스권을 돌파할 때를 매수 타이밍으로 잡으시면 됩니다.

⚠️ **주의사항** 시장에서 이슈되고 있거나 되었던 종목 중에서 아직 이슈가 살아 있는 종목에 적용해야 합니다. 즉, 거래량이나 거래대금이 크게 상승하거나 있는 종목에 적용해야 합니다 시장에서 소외되며 거래량이나 거래대금이 없는 종목에는 적용되지 않습니다.

주가의 바닥을
확인하는 법

쌍바닥 패턴

주가가 전 저점을 이탈하지 않고 지지해주면서 주가가 상승 반전하는 자리를 말합니다. 다음의 자료들이 쌍바닥 패턴의 모습을 선으로 나타낸 모습입니다.

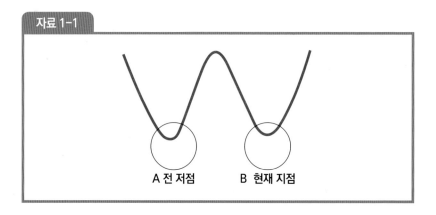

자료 1-1

A 전 저점   B 현재 지점

<자료 1-1>처럼 B 현재 지점이 A 전 저점을 깨지 않아야 합니다.

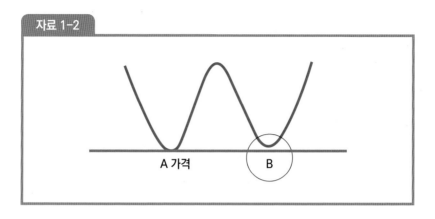

자료 1-2

A 가격   B

<자료 1-2>의 모습처럼 B 현재의 주가가 A(전 저점)의 주가를 하락 이탈하지 않아야 합니다.

주가가 A(전 저점)를 이탈하며 하락하지 않고 B(현재)에서 지지하고 상승합니다. <자료 1-3>처럼 말이죠.

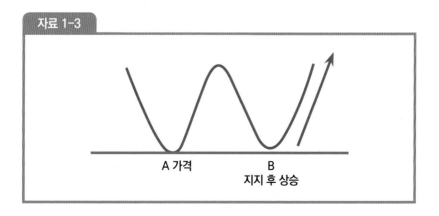

자료 1-3

A 가격   B
          지지 후 상승

그럼 다음의 구영테크에서 쌍바닥 자리를 찾아봅시다. 찾으셨나요?

차트 18-1

차트 18-2

<차트 18-2>의 1번 동그라미 자리를 확인해봅시다. <자료 1-3>의 A(전 저점) 부근으로 볼 수 있습니다. 그리고 쌍바닥이 완성되려면 현재의 주가(자료 1-3의 B자리)가 A(전 저점) 부근에 주가를 이탈하지 않아야 합니다. 그래서 <차트 18-2>의 1번 동그라미의 캔들에서 <차트 18-3>의 모습처럼 저가에 라인을 만듭니다.

이제 <자료 1-3>의 B(쌍바닥)의 자리를 체크합니다. 다음 <차트 18-4>의 2번 동그라미처럼요.

차트 18-4

쌍바닥이라고 하는 것은 하나의 쌍바닥만 있는 것이 아닙니다. <차트 18-5>에서 확인해봅시다.

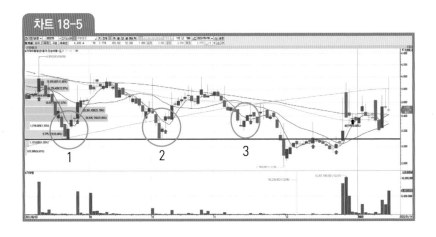

차트 18-5

앞의 차트(18-3에서 18-5)의 동그라미(1~3번)와 가로로 체크되어 있는 선을 확인해봅시다. 가로의 선은 전 저점의 주가입니다. 그리고 각각의 동그라미는 쌍바닥의 자리로 전 저점의 주가를 하향 이탈하지 않고 지지해주면서 주가는 상승했습니다. 즉, 2번 동그라미 자리는 1번 동그라미와 쌍바닥 자리입니다. 그리고 3번 동그라미는 2번의 쌍바닥 자리로 볼 수 있습니다.

그러면 이제 더 이상의 쌍바닥 자리는 없나요? <차트 18-6>에서 4번 동그라미 자리를 확인해봅시다.

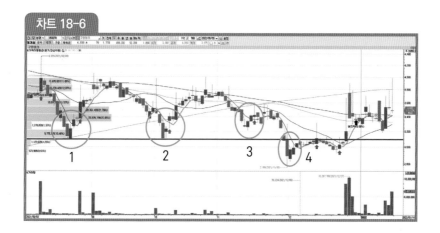

차트 18-6

<차트 18-6>의 4번 동그라미 자리를 확인해봅시다. 4번 동그라미는 <자료 1-3>의 새로운 A(전 저점)로 볼 수 있습니다. 그리고 4번 동그라미를 새로운 전 저점으로 볼 수 있으니 <차트 18-3>에서 했던 것처럼 4번 동그라미의 저점에 <차트 18-/>처럼 라인을 만들어봅시다.

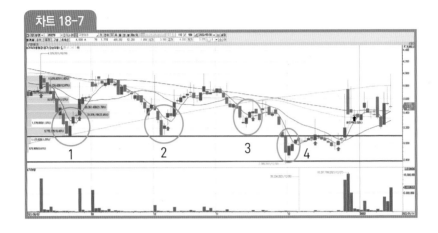

차트 18-7

이제 <차트 18-8>의 5번 동그라미처럼 <자료 1-3>의 B의 자리를 체크합니다.

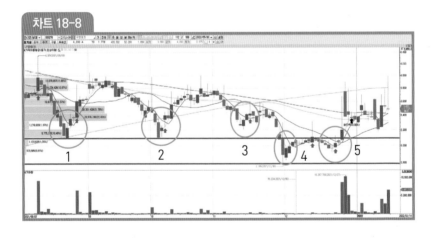

차트 18-8

<차트 18-8>의 차트를 살펴보면 알 수 있듯이 5번은 4번의 쌍바닥 자리입니다.

즉, 2번 동그라미 자리는 1번 동그라미 자리와 쌍바닥 자리, 3번 동그라미 자리는 2번 동그라미 자리와 쌍바닥 자리, 5번 동그라미 자리는 4번 동그라미 자리와 쌍바닥 자리가 됩니다.

<차트 18-8>에서 보시는 것과 같이 쌍바닥 자리는 한 차트에서도 여러 번 나올 수 있습니다. 그리고 그 쌍바닥 자리에서는 일정 패턴이 있습니다. 다음의 차트들을 통해서 확인해봅시다.

다음의 차트들은 <차트 18-8>의 각각의 동그라미(1~5번)를 확대한 모습입니다. 그 각각의 동그라미 안의 캔들을 자세히 봐주시길 바랍니다.

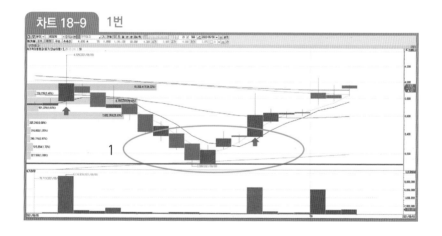

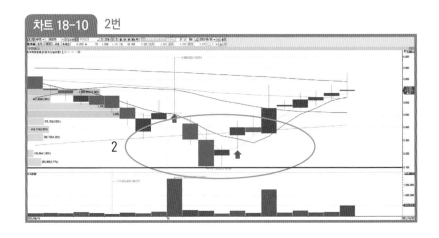

차트 18-10 2번

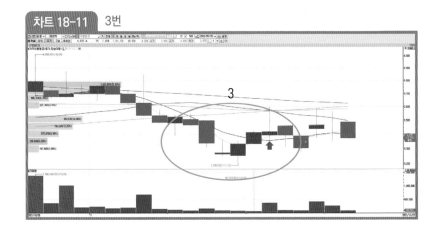

차트 18-11 3번

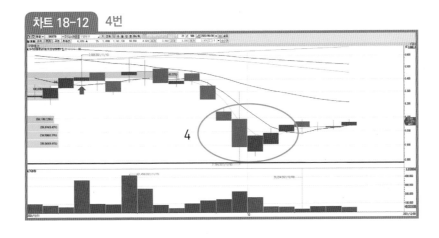

차트 18-12 4번

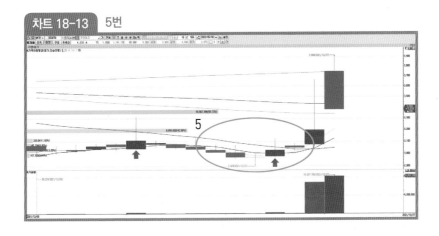

차트 18-13 5번

앞의 차트들(18-9~18-13)에서 동그라미 안의 캔들을 사세히 보셨나요?
그 동그라미 안의 캔들에는 일정한 패턴이 있습니다. 그것은 샛별형의
캔들입니다.

샛별형 캔들

샛별형 캔들의 특징

- 하락 추세에서 긴 장대음봉 발생 후 다음 날 하락 갭을 주고 작은 몸통의 도지형 캔들이 나옵니다.
- 그 도지형 캔들의 다음 날 상승 갭(갭이 없는 경우도 있음)을 주고 첫 번째 음봉 정도의 긴 양봉이 나옵니다.
- 도지형 캔들은 양봉이든 음봉이든 상관없지만, 양봉인 경우 조금 더 신뢰할 수 있습니다.
- 대표적인 상승 반전 형태로 많이 나타납니다.
- 하락 추세의 저점 부근에서 많이 나타납니다.

<자료 1-4>와 같은 캔들을 샛별형 캔들이라고 합니다.

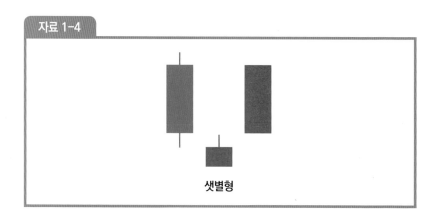

자료 1-4

샛별형

앞에서 쌍바닥 자리에서 나오는 샛별형 캔들 패턴을 배웠습니다. 그 럼 정말로 쌍바닥 자리에서 샛별형 캔들이 나오는지 다음의 차트를 통해서 확인해봅시다.

유니온

유니온의 차트입니다. <차트 19-1>에서 쌍바닥 자리를 찾아봅시다. 찾으셨나요?

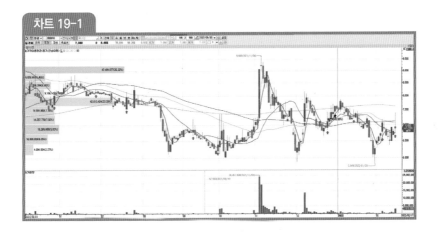

차트 19-1

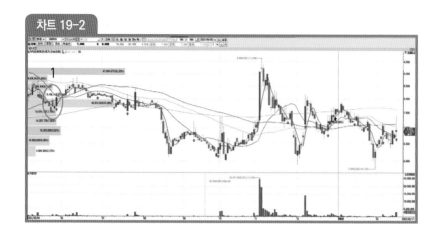

차트 19-2

　

<차트 19-2>의 1번 동그라미 자리를 확인해봅시다. <자료 1-3>의
A(전 저점) 부근으로 볼 수 있습니다. 그리고 쌍바닥이 완성되려면 현재
의 주가(자료 1-3의 B자리)가 A(전 저점) 부근에 주가를 이탈하지 않아야 됩
니다. 그래서 <차트 19-2>의 1번 동그라미의 캔들에서 <차트 19-3>의
모습처럼 저가에 라인을 만듭니다.

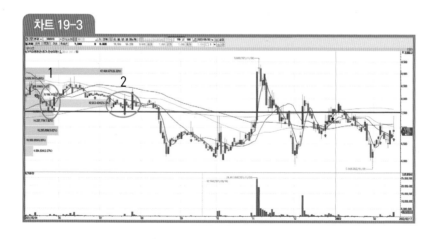

차트 19-3

이제 <차트 19-3>의 2번 동그라미처럼 <자료 1-3>의 B(쌍바닥) 자리를 체크합니다.

앞 차트(19-2와 19-3)의 동그라미 표시(1번과 2번)와 가로로 체크되어 있는 선을 확인해봅시다. 가로의 선은 전 저점(자료 1-3의 A)의 주가입니다. 그리고 각각의 동그라미는 쌍바닥의 자리로 전 저점의 주가를 하향 이탈하지 않고 지지해주면서 주가는 상승했습니다.

즉, 2번 동그라미 자리는 1번 동그라미와 쌍바닥 자리입니다. 그러면 이제 더 이상의 쌍바닥 자리는 없나요? 다음 <차트 19-4>에서 3번 동그라미 자리를 확인해봅시다.

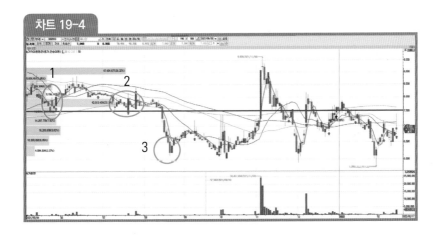

차트 19-4

<차트 19-4>의 3번 동그라미 자리는 <자료 1-3>의 새로운 A(전 저점)로 볼 수 있습니다. 그리고 3번 동그라미를 새로운 전 저점으로 볼 수 있습니다. 그러니 <차트 19-2>에서 했던 것처럼 3번 동그라미의 저점

에 <차트 19-5>처럼 라인을 만들어봅시다.

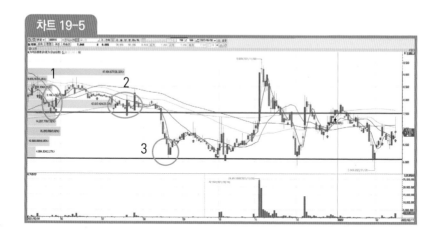

이제 <차트 19-6>의 4번 동그라미처럼 <자료 1-3>의 B의 자리를 체크합니다.

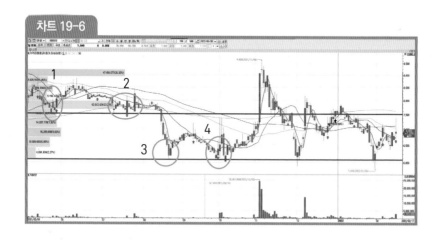

<차트 19-6>의 차트를 보면 알겠지만, 4번 동그라미 자리는 3번 동 그라미 자리와 쌍바닥 자리입니다. 즉, 2번 동그라미 자리는 1번 동그 라미 자리와 쌍바닥자리, 4번 동그라미 자리는 3번 동그라미 자리와 쌍 바닥 자리가 됩니다. 그럼 더 이상의 쌍바닥 자리는 없을까요? <차트 19-7>에서 <차트 19-9>까지 살펴보며 확인해봅시다.

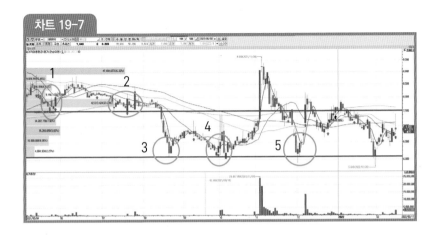

<차트 19-7>의 5번 동그라미 자리를 확인해봅시다. 5번 동그라미 자리는 <자료 1-3>의 새로운 A(전 저점)로 볼 수 있습니다. 그리고 <차트 19-8>에서 6번 동그라미 자리가 쌍바닥 자리가 될 수 있습니다.

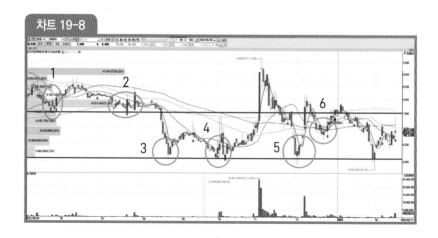

차트 19-8

<차트 19-9>의 7번 동그라미 자리는 5번 동그라미 자리의 쌍바닥

자리로 볼 수 있습니다.

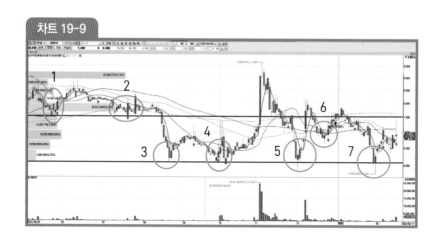

차트 19-9

마지막으로 <차트 19-10>의 8번 동그라미 자리는 7번 동그라미 자리의 쌍바닥 자리로 볼 수 있습니다.

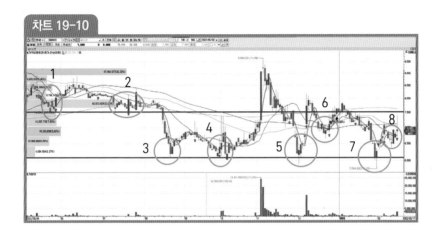

즉, 2번 동그라미 자리는 1번 동그라미 자리와 쌍바닥 자리, 4번 동그라미 자리는 3번 동그라미 자리와 쌍바닥 자리, 5번 동그라미 자리는 4번 동그라미 자리와 쌍바닥 자리, 6번 동그라미 자리는 5번 동그라미 자리와 쌍바닥 자리, 7번 동그라미는 5번 동그라미 자리와 쌍바닥 자리, 8번 동그라미 자리는 7번 동그라미 자리와 쌍바닥 자리가 됩니다.

<차트 19-10>을 보면 알겠지만 쌍바닥 자리는 한 차트에서도 여러 번 나옵니다. 그리고 앞의 구영테크에서도 설명했듯이 그 쌍바닥 자리에서는 샛별형 캔들 패턴이 있습니다. 그 샛별형 캔들 패턴이 나오는지 확인해봅시다.

다음의 차트들은 <차트 19-10>의 각각의 동그라미(1~8번)를 확대한 모습입니다. 그 각각의 동그라미 안의 캔들을 자세히 봐주시길 바랍니다.

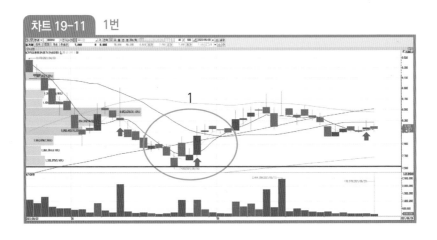

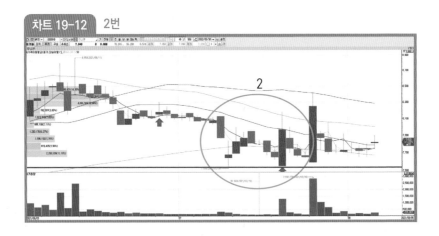

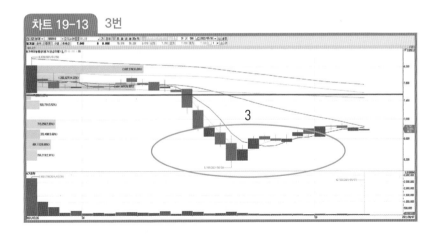

차트 19-13 3번

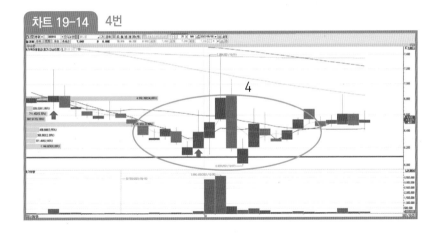

차트 19-14 4번

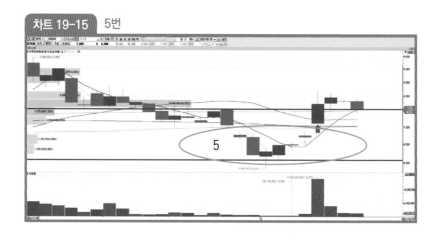

차트 19-15　　5번

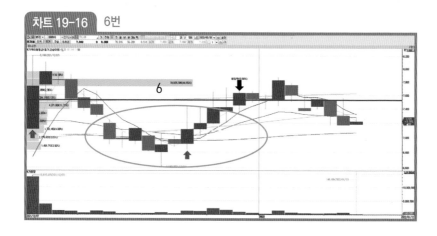

차트 19-16　　6번

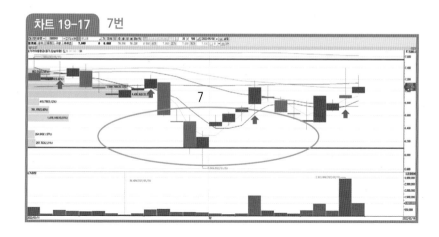

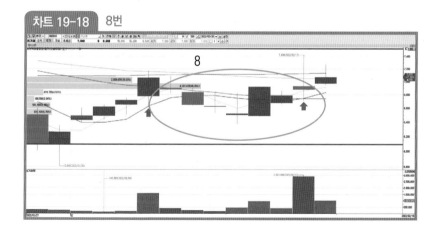

앞의 차트들(19-11~19-18)에서 1~8번 동그라미 안의 캔들을 자세히 보시면 아시겠지만 샛별형 캔들 패턴이 있습니다. 마지막으로 에스폴리텍의 차트를 보면서 다시 한번 검증해보는 시간을 가져봅시다.

에스폴리텍도 앞의 구영테크와 유니온처럼 쌍바닥 자리를 체크해봅시다.

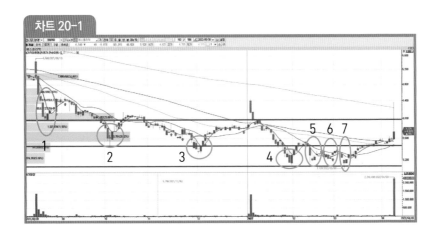

차트 20-1

<차트 20-1>에서 2번 동그라미 자리가 1번 동그라미 자리와 함께 쌍바닥으로 보일 수 있겠지만, 아닙니다. 그리고 3번 동그라미 자리가 2번 동그라미 자리와 함께 쌍바닥으로 보일 수 있겠지만, 아닙니다.

그 이유는 2번 동그라미 자리의 주가가 1번 동그라미 자리의 주가보다 낮기 때문입니다. 3번 동그라미 자리도 마찬가지로 2번 동그라미의 자리의 주가보다 낮기 때문에 쌍바닥으로 볼 수 없습니다.

<차트 20-1>의 4번 동그라미 자리의 주가를 나타내는 가로선을 확인해봅시다. 가로의 선은 4번 동그라미 자리의 저점 주가입니다. 보이

는 것과 같이 5번 동그라미 자리는 4번 동그라미 자리와 함께 쌍바닥 자리로 볼 수 있겠죠. 그리고 6번 동그라미 자리는 5번 동그라미 자리와 함께 작은 쌍바닥 자리로 볼 수 있습니다. 게다가 7번 동그라미 자리는 4번 동그라미 자리와 함께 쌍바닥 자리로 볼 수 있습니다.

왜냐하면 5번 동그라미 자리와 6번 동그라미 자리의 주가보다 7번 동그라미의 주가가 낮기 때문에 4번 동그라미 자리와 함께 쌍바닥 자리로 봐야 하기 때문입니다.

마지막으로 <차트 20-1>의 1~7번까지의 동그라미 안의 캔들이 샛별형 캔들이 나오는지 확인해봅시다. 다음의 차트들은 각각 1~7번의 동그라미를 확대한 차트입니다.

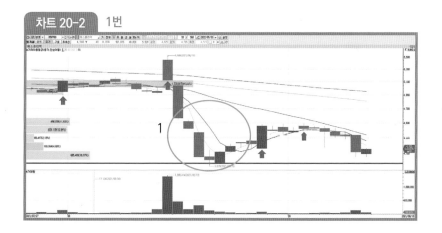

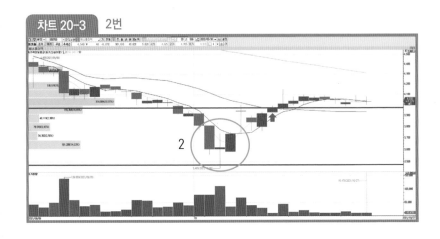

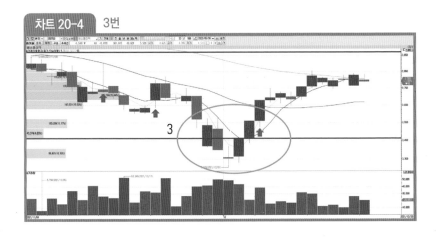

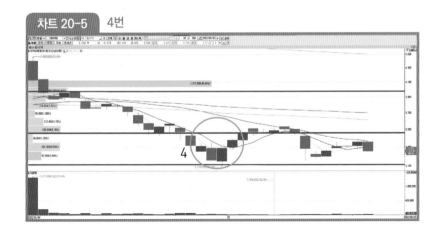

차트 20-5 4번

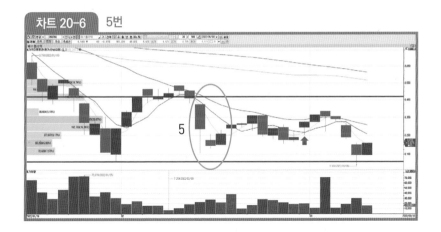

차트 20-6 5번

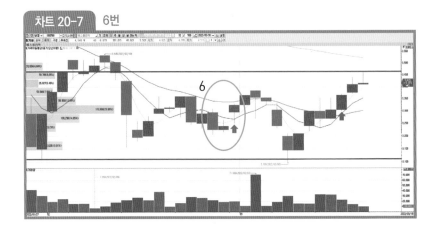

차트 20-7   6번

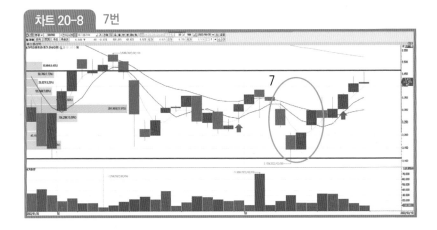

차트 20-8   7번

<차트 20-2>에서 <차트 20-8>의 1번~7번의 동그라미 안의 캔들을 유심히 봐주세요. 그 동그라미 안에는 구영테크, 유니온과 마찬가지로 에스폴리텍의 샛별형 캔들 패턴이 있습니다.

그러나 무조건 쌍바닥 자리에 샛별형 캔들 패턴이 나온다고 저점이라고 확신하면 안 됩니다. 에스폴리텍의 <차트 20-1>에서 1~3번의 동그라미 자리를 확인해봅시다. 모두 샛별형 캔들 패턴의 모습이 나왔습니다. 그리고 주가는 추가로 하락했습니다.

다시 말해, 주가의 저점을 잡을 때는 쌍바닥 자리 부근에서 샛별형 캔들 패턴으로 확인할 수도 있습니다. 그러나 무조건 쌍바닥 자리 부근에서 샛별형 캔들 패턴이 나왔다고 '저점이겠거니' 하면서 무조건 매수하면 안 됩니다. 그래서 첫 샛별형 캔들의 패턴보다는 그다음이나 그 다다음의 쌍바닥 자리에서 샛별형 캔들 패턴을 확인하고 매수 타이밍을 잡는 것이 좋습니다.

에스폴리텍을 예로 든다면 현재 주가가 4번 자리라면 5번, 6번, 7번이 쌍바닥 자리로 볼 수 있고, 그 자리에서 샛별형 캔들 패턴이 나오면 저점의 매수 타이밍으로 볼 수 있습니다.

수익 반납하지 않고
고점에서 매도하는 법

정확한 매수 타이밍으로 큰 수익을 보고 있더라도 매도 타이밍을 놓치는 경우들이 많습니다. 그렇게 큰 수익을 반납하고 약 수익이나 약 손실로 매매를 마무리한 경험, 모두 있으실 겁니다. '아, 그때 팔았어야 했는데…' 하면서 말이죠. 다시는 그런 일이 생기지 않도록 고점에서 나오는 패턴들을 공부해봅시다.

전 고점의 저항과 매물대 패턴입니다.

우진

우진의 차트입니다. <차트21-1>에서 일정 구간의 저항 라인을 찾아봅시다.

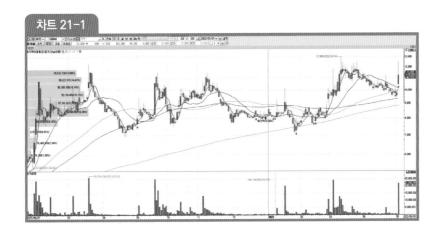

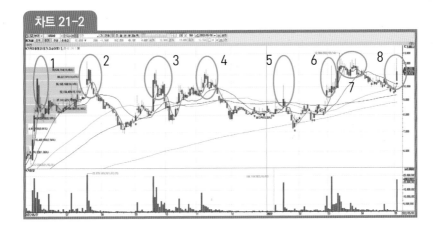

　　<차트 21-2>에서 동그라미 표시 자리인 1~8번의 지리의 캔들을 확

인해봅시다. 동그라미 1~8번의 자리는 저항 구간을 나타낸 것입니다.

그 저항 구간에서는 보이는 것과 같이 주로 위 꼬리가 길게 달리는 캔

들이나 음봉 캔들이 발생합니다.

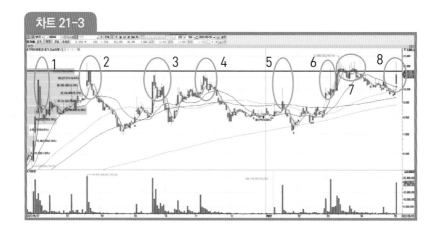

<차트 21-3>에서 가로의 선을 확인해봅시다. 가로의 선은 그 저항 구간의 주가를 표시한 선입니다. <차트 21-3>에서 보이는 것과 같이 우진의 주가는 가로선의 주가 부근에서 저항을 만나면서 돌파하지 못합니다. 아니면 돌파 후 지지 라인(저항 라인을 상향 돌파하면 저항 라인은 지지 라인으로 변경됨)에서 지지하지 못하고 주가가 하락하는 모습을 보여줍니다.

<차트 21-3>에서 1~8번까지의 동그라미 자리를 보면 알겠지만, 여러 번의 돌파 시도가 있었습니다. 동그라미 자리가 1~8번까지 있으니 모두 8번의 돌파 시도가 있었다고 생각하면 안 됩니다. 왜냐하면 동그라미 자리가 여덟 개인 것이지, 그 안의 캔들은 훨씬 더 많습니다. 수십 번의 돌파 시도가 있었다는 뜻입니다.

그러면 왜 일정 주가(가로선) 부근에 오면 주가는 하락할까요?

예를 들면, 주가가 전 고점이나 신고가 자리에 위치합니다. 그러면 그 종목을 보유 중인 투자가들은 크게 세 가지로 분류할 수 있습니다. 첫 번째는 전 고점 부근에서 물린 투자가들, 두 번째는 눌림이나 좋은 매수 타이밍으로 현재 수익 중인 투자가들, 세 번째는 일정 저항 라인에서 첫 번째와 두 번째의 투자가들에게 매도를 유도하면서 매집을 하는 세력들입니다(고점에서 물량을 넘기는 세력들도 있습니다).

첫 번째 투자가들은 전 고점 부근에서 물리면서 오랜 기간을 마음고생하면서 버티고 버티면서 현재 다시 주가가 전 고점 부근에 오면서 약 수익 구간이거나 약 손실 구간입니다. 그러니 매도로 매매를 마무리해야 되나 고민하거나, 아니면 반대로 오랜 기간 동안 마음고생했으니까 조금이라도 수익을 보고 나가야겠다는 마음이 들 수 있습니다. 그래서 주가가 계속 상승해서 상한가를 가면 팔지 않고 보유합니다.

그러나 주가가 급등하는 것처럼 하다가 주가가 하락하기 시작합니다. 그러면 전 고점에 물려서 오랜 기간 마음고생한 생각이 떠오릅니다. 지금 또 주가가 하락하면 저번처럼 오랜 기간을 다시 마음고생할 수도 있겠다는 심리적인 압박을 받습니다. 그러므로 약 수익이나 약 손실에서 물린 투자가들이 너도나도 매도하면서 주가는 급격하게 하락합니다.

두 번째 투자가들은 눌림이나 좋은 매수 타이밍으로 현재 수익 중입니다. 그 투자가들의 심리 상태를 확인해봅시다. 눌림이나 좋은 매수 타이밍에 종목을 매수해서 현재 큰 수익 중인 투자가들이라면 현재 자리(1~8번)가 전 고점의 저항 라인(가로선)이라는 것 정도는 알 수 있습니다. 그러면 현재 큰 수익 중인 투자가들은 무엇을 생각할까요? 그것은 '어떻게 하면 조금이라도 수익을 극대화할 수 있을까?'입니다.

그렇게 수익 극대화를 생각하고 있는데 주가가 전 고점, 즉 저항 라인
(가로선)을 돌파하지 못한다면 어떻게 할까요? 그리고 돌파 후 전 고점의
저항 라인(가로선)에서 지지하지 못하고 이탈한다면 어떻게 대응할까요?

모두 수익 중이기 때문에 마음 편하게 '역시 저항 라인을 돌파를 하
지 못하는구나' 아니면 '지지하지 못하고 이탈하는구나' 하면서 매도로
수익을 실현할 수 있습니다. 그렇게 차익 매물이 나오면서 주가는 하락
합니다.

마지막으로 세 번째 투자가들인 일정 저항 라인에서 첫 번째 투자가
와 두 번째의 투자가들에게 매도를 유도하면서 매집을 하는 세력들(고점
에서 물량을 넘기는 세력들도 있습니다)은 어떤 생각을 할까요?

만약 여러분이 세력이라면 어떻게 하겠습니까? 누구나 알 수 있는 저
항 라인을 돌파시키면서 그 종목에 투자한 모든 투자가들에게 수익을
주면서 주가를 끌어올리실 건가요? 아니면 누구나 알 수 있는 저항 라
인에서 첫 번째와 두 번째의 투자가들에게 매도를 유도하면서 매집할
까요? 그리고 시장에서 소외되어 관심이 없을 때 다시 주가를 올리고
뒤늦게 종목을 매수하는 개인 투자가들에게 물량을 넘기고 나올까요?
답은 나와 있습니다. 개인과 반대로 하는 것입니다.

현재 보유 중이거나 앞으로 매수할 종목들의 주가 위치가 <차트 21-3>의 1~8번 동그라미의 위치에 있다면 매도 계획을 세워야 합니다.

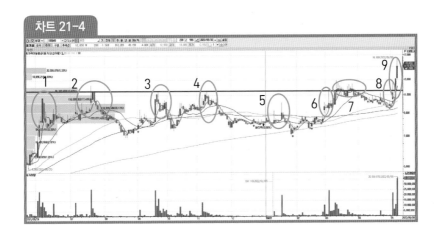

<차트 21-4>의 차트는 저항 라인(동그라미 1~8번 자리)이 되었던 가로선을 돌파한 모습입니다. 9번 동그라미를 보시면 됩니다. 그리고 <차트 21-5>는 그 9번 동그라미를 확대한 차트입니다.

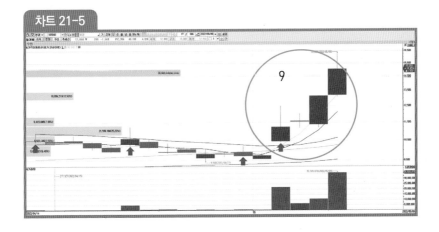

앞의 <차트 21-5>의 9번 동그라미를 확인해봅시다. 결과적으로 보면 저항 라인(가로선)을 돌파하면서 큰 시세를 줬습니다. 그러나 앞서 있었던 수십 번의 돌파 시도를 잊으면 안 됩니다.

주식은 확률 게임이며 심리 게임입니다. 수십 번과 9번 동그라미 한 번 중에 어느 것이 확률적으로 더 좋은 매매인지 알 수 있겠죠?

그리고 세력을 이기려고 하면 안 됩니다. 개인 투자가들에게 물량을 받아서 개인 투자가들에게 털어서 주가를 올리고, 다시 개인 투자가들에게 물량을 넘기면서 수익을 내는 것이 세력입니다. 즉, 그 일이 직업인 사람들을 개인 투자가들이 이기기는 쉽지 않다는 것입니다.

놀이공원에서 롤러코스터를 타면 내리고 싶어도 못 내립니다. 운전하는 사람이 내려줘야 내릴 수 있습니다. 그러나 롤러코스터를 탈지, 말지는 자신이 결정할 수 있습니다.

이화공영 <차트 22-1>에서 일정 구간의 저항 라인을 찾아봅시다.

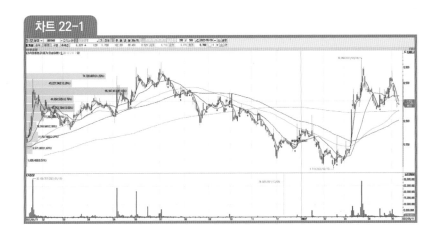

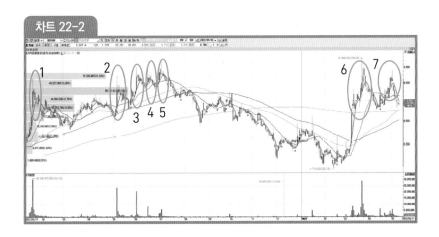

<차트 22-2>에서 동그라미 표시 자리인 1~7번 자리의 캔들을 확인
해봅시다. 그 동그라미 1~7번의 자리는 저항 구간을 나타낸 것입니다.

그 저항 구간에서는 보시는 것과 같이 주로 위 꼬리가 길게 달리는 캔들이나 음봉 캔들이 발생합니다.

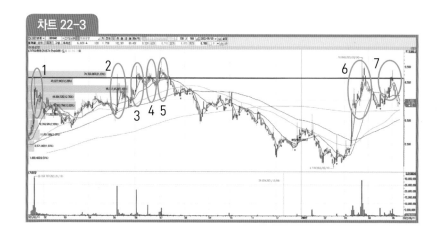

<차트 22-3>에서 가로선을 확인해봅시다. 가로선은 그 저항 구간의 주가를 표시한 선입니다. <차트 22-3>에서 보이는 것과 같이 우진의 주가는 가로선의 주가 부근에서 저항을 만나면서 돌파하지 못합니다. 아니면 돌파 후 지지 라인(저항 라인을 상향 돌파하면 저항 라인은 지지 라인으로 변경됨)에서 지지하지 못하고 주가가 하락하는 모습을 보여줍니다.

<차트 22-3>에서 보이는 것과 같이 이화공영도 우진의 차트와 비슷한 모습을 보입니다. 주가는 가로선(저항 라인)의 주가 부근에서 저항을 만나면서 돌파하지 못하거나, 돌파 후 지지를 하지 못하고 주가가 하락하는 모습을 보여줍니다.

대창스틸 차트를 보겠습니다. <차트 23-1>에서 일정 구간의 저항 라인을 찾아봅시다.

<차트 23-2>에서 동그라미 표시 자리인 1~6번 자리의 캔들을 확인

해봅시다. 이는 저항 구간을 나타낸 것입니다. 저항 구간에서는 보이는 것과 같이 주로 위 꼬리가 길게 달리는 캔들이나 음봉의 캔들이 발생합니다.

차트 23-3

<차트 23-3>에서 가로의 선을 확인해봅시다. 가로선은 그 저항 구간의 주가를 표시한 선입니다. <차트 23-3>에서 보이는 것과 같이 우진의 주가는 가로선의 주가 부근에서 저항을 만나면서 돌파하지 못합니다. 아니면 돌파 후 지지 라인(저항 라인을 상향 돌파하면 저항 라인은 지지 라인으로 변경됨)에서 지지하지 못하고 주가가 하락하는 모습을 보여줍니다.

<차트 23-3>에서 보이는 것과 같이 대창스틸도 이화공영과 우진의 차트 모습과 비슷합니다. 주가는 가로선(저항 라인)의 주가 부근에서 저항을 만나면서 돌파하지 못하거나, 돌파 후 지지를 하지 못하고 주가가 하락하는 모습을 보여줍니다.

앞의 차트들은 일봉차트의 예시입니다. 그리고 분봉과 월봉에서도 적용이 가능한 방법입니다. 매매에 적용하셔서 좋은 매도 타이밍을 잡으세요.

CHAPTER

02

절대 변하지 않는
100% 주식 기법

100% 주식 기법이란?

이 세상에서 손실 없이 100% 수익을 낼 수 있는 주식 기법은 없습니다. CHAPTER 01에서는 실전에서 쓸 수 있는 차트매매법을 소개했습니다. 그러나 이 기법들도 100%는 아닙니다. 주식에서는 100% 수익을 낼 수 있는 기법은 없습니다.

그러면 "손실 없이 100% 수익을 낼 수 있는 기법은 없다면서 무슨 절대 변하지 않는 100%의 주식 기법이냐?"라고 하실 수 있습니다. 맞습니다.

그러나 주식 시장의 상한가, 하한가가 30%에서 60%, 100%, 그리고 가격 제한폭이 없어진다고 해도 절대 변하지 않는 100%의 주식 기법은 있습니다. 그것은 심법입니다. 주식 초보자들은 기법을 찾고, 고수들은 심법을 갈고 닦습니다.

어떤 종목을 매수하고 나면 수익이 날 확률이 높은지, 손실이 날 확률이 높은지 자신은 알 수 있습니다. 어떤 종목을 매수하고 불안하면 할수록 거의 손실이 날 확률이 높습니다. 왜일까요? 마음이 흔들리기 때문입니다. 한 종목을 어떤 이유에서 매수했는지

본인조차 모릅니다. 주변에 아는 사람이 추천을 해줬는지, 뉴스나 유튜브를 통해서 봤는지 그냥 급등하길래 매수했는지는 모르겠지만, 한 가지 공통점은 그 종목에 대해서 아는 것이 없습니다.

매수한 종목의 현재 주가의 위치가 높은지(고점), 낮은지(저점) 판단을 하지 못합니다. 또 앞으로 그 회사의 주가에 좋은 영향을 줄 수 있는 재료들이 있는지, 없는지도 모릅니다. 아는 것이 없기 때문에 불안한 것이고, 그 불안한 마음은 보유한 종목을 쉽게 매도하게 만듭니다. 그러므로 수익은 작지만, 손실이 큰 매매를 하게 됩니다(매수 타이밍의 문제일 수도 있습니다).

만약 현재 미국의 전기차 회사 테슬라의 주가가 100$라면 어떻게 하시겠습니까(2022년 1월 3일 기준 1,056$)? 그리고 삼성전자의 주가가 4만 원이라면 어떻게 하시겠습니까(2022년 1월 3일 기준 79,400원)? 답은 나와 있습니다.

집 담보대출, 신용대출, 마이너스 통장 등등을 써서라도 투자 자금을 구해서 테슬라와 삼성전자를 사려고 할 것입니다. 왜일까요? 그 회사들이 무엇을 하는 회사인지 정확하게 알고 있기 때문입니다. 정확한 가치는 계산할 수 없지만, 그 회사들의 만드는 제품과 가치가 미래에는 더 큰 가치를 가진 회사가 될 것이라고 알고, 믿고 있기 때문입니다. 이것이 바로 심법입니다. 나에게 편안하고 안정적인 느낌을 주는 이와 같은 회사를 찾아서 편하고 안정적으로 매매를 하면 됩니다.

그러나 많은 투자가들이 반대로 하고 있습니다. 뭐 하는 회사인지도 모르는 회사에 투자합니다. 아무 이유 없이 다른 사람들이 매수한다는 이유로 불편하고 불안정적으로 매매하면서 문제(손실)가 생깁니다.

나를 정확히 잘 알고 매매하기

'절대 변하지 않는 100% 주식 기법을 알려준다면서 무슨 나를 알자고 하는 것이지?'라고 생각하신다면 현재 주식 수익률이 플러스보다는 마이너스일 확률이 높습니다. 적을 알고 나를 알면 백전불태(知彼知己 百戰不殆)라는 《손자병법》의 말이 있습니다. 말 그대로, '적을 알고 나를 알면 백 가지 전투를 해도 위태롭지 않다'라는 뜻입니다. 적을 잘 파악하고도 나를 알지 못해서 이긴 전쟁에서 질 수도 있다는 말입니다.

주식에서도 가장 중요한 부분 중 하나입니다. 그러나 수식을 하는 많은 사람들이 놓치고 있는 부분 중 하나이기도 합니다. 거의 모든 투자가들이 뉴스, 유튜브, 기타 매체를 통해서 주식을 접하고 공부합니다.

그러나 자기 자신에 대해서 너무 모르는 것들이 많습니다. 투자를 하는 사람들 대부분이 직장인, 전업주부, 학생이나 사업을 하는 사람들일 것입니다. 그리고 주식 매매를 하는 데 실시간으로 대응할 수 있는 시간과 아닌 시간이 있을 것입니다.

여러분들이 직장에 다니면서 여유 시간으로 주식을 한다고 가정해봅시다. 그럼 그 여유 시간이 매일 같은 시간에 계속되는 여유 시간인지, 아니면 갑자기 회의나 미팅을 해야 하기에 일정하지 않은 여유 시간인지를 확인해야 합니다. 그렇게 주식을 할 수 있는 시간이 몇 시부터 몇 시까지인지를 정확하게 확인하는 것이 먼저입니다.

그다음에 종목을 고를 준비를 해야 합니다. 테마와 섹터를 고르고 매매를 계획한 테마나 섹터 쪽이 실시간 대응이 필요한 섹터인지, 아닌지를 판단해서 테마나 섹터를 선정해야 합니다.

그리고 매매하기 편하고 여유로운 시간에 맞추어 테마나 섹터를 선정합니다. 그러면 이제 그 테마나 섹터에서 다시 몇 종목을 골라야 합니다. 주식에서 가장 중요한 것은 종목을 고르는 일입니다. 어떤 기법보다도 가장 중요합니다.

또 항상 테마와 섹터의 대장주를 찾을 수 있도록 노력해야 합니다. 그렇게 종목을 선정했다면 성향에 맞는 매매 스타일을 찾아야 합니다. 자신이 편안하고 여유롭게 실시간 매매가 가능해야 합니다. 그리고 등락폭이 적은 질질 끄는 종목들이 싫고 주가가 상승하든, 떨어지든 바로 반응이 오면서 등락폭이 큰 종목이 좋다면 단기 트레이딩 쪽으로 매매를 하면 됩니다.

그러나 자신이 시간적으로 여유도 없고 실시간 대응도 힘들고 손이 느려서 단기 트레이닝이 맞지 않거나 적금처럼 천천히 비중을 늘려가면서 매매를 하고 싶다면 중장기 쪽으로 보면 됩니다.

처음에 주식을 시작하면서 가장 많이 하는 실수가 있습니다. 그것은 실시간 대응이 필요한 종목들을 지인들이나 기타 매체에서 좋다고 하니 일단 매수를 한 후, 일이나 다른 업무를 보느라 실시간 대응을 하지 못하는 것입니다. 운이 따르면서 수익을 낼 수 있던 타이밍이 있었는데, 일 때문에 매도하지 못하고 수익 구간은 지나가고 손실로 변합니다.

또는 실시간 대응은 할 수 있는 시간은 있었지만, 뉴스나 지인의 추천으로 아무 이유 없이 상승할 것 같다는 느낌으로 매수했을 것입니다. 그러다 운이 따라주면서 수익 중인 종목을 아무 이유 없이 보유하다가 매도 타이밍을 놓치고 수익에서 손실로 변한 상황일 수도 있을 것입니다.

어떤 분에 늘어살 계획노 없었고, 어넌 문으로 들어왔는시소차 보르면서 나갈 문을 먼저 계획해두는 사람들은 없습니다. 그렇게 초보 투자자들은 자신의 계좌에 빨간색 +의 수익률을 보고 돈을 벌었다고 착각을 합니다. 매도하지 않고 아무 이유 없이 계속 보유합니다. 그러다 며칠이 지나도 매도는 못 하고 수익에서 본전이나 손실로 전환되면, 그제야 '어떻게 해야 하지? 팔아야 되나? 더 보유해야 되나?' 하며 아주 잠간 고민을 합니다. 그러다가 본전 자리에서 매도하면서 '수익이 났을 때 매도했어야 했는데…'라고 후회를 합니다. 그리고 아직 큰 손실이 아니고 주변에서 좋은 종목이라고 했으니까 아무 이유 없이 '좀 더 보유하자'라고 생각합니다.

그렇게 아무 계획과 이유 없이 종목을 보유하고 있다가 어느 사이 손실이 10%, 20%, 30%가 됩니다. 게다가 한 종목에 자기자본의 큰 비중(50% 이상)을 매수했기 때문에 큰 손실 중이어서 쉽게 매도할 수가 없습니다. 그렇게 아무 계획 없이 매수한 종목 때문에 강제적으로 장기 투자가로 변신을 합니다.

그제야 보유한 종목에 관한 공부가 시작됩니다. 어떤 회사인지, 매출은 잘 나오는지, 어떤 재료가 시장에서 이슈가 되었는지, 그렇게 그 종목에 대한 전문가가 됩니다.

그리고 손실이 있는 종목이 더 내려가지 않을 이유를 찾기 시작합니다. 왜일까요? 그래야지만 그 종목을 보유하고 있는 자신에 대한 자기 합리화를 시킬 수 있기 때문입니다. 그러면서 아무 계획 없이 매수했다가 강제적으로 장기 투자가로 변신하고, 1~5년 버티다가 반등하지 않아서 지쳐서 매도하면 얼마 지나지 않아서 주가는 저점을 잡고 반등하기 시작합니다. 그리고는 '나름대로 열심히 주식 공부를 했는데 역시 나는 주식이랑은 맞지 않아' 하면서 주식 시장을 떠나게 됩니다.

주식은 매수하고 그 종목이 내려가지 않을 이유를 찾는 것이 아닙니다. 매수하기 전에 올라가야 할 이유(재료)를 미리 알고 있어야 합니다.

나를 잘 알자는 것은 장점도 알고, 단점도 아는 것입니다. 장점은 더욱
더 키워나가고 단점은 고쳐나간다는 것입니다.

계좌 관리의 핵심 비중
조절하는 법

특히 직장을 다니면서 주식을 한다면 비중 조절은 필수입니다. 평소에는 업무가 규칙적이어서 주식 매매를 틈틈이 할 수 있는 상황이었는데, 회사의 급한 일이 생기거나 회사에 중요한 손님이 찾아오면 어떻게 될까요?

그리고 한 종목에 100%의 비중과 아니면 미수나 신용 등의 레버리지(자산 투자로부터의 수익 증대를 위해 차입자본(부채)을 끌어다가 자산매입에 나서는 투자 전략)를 사용해서 매수한 종목이 있다고 가정해봅시다.

예를 들어, 홍준표 관련주라고 하고 홍준표가 윤석열과 대선 경선에서 떨어졌다는 뉴스를 봤습니다. 그 종목을 매도할 수 있는 상황이 아니라면 어떻게 될까요? 일이 잘될까요? 주식 투자가 잘될까요? 너무 극단적이라고 생각할 수도 있습니다. 그러나 주식을 하다 보면 별의별 일들이 많이 생깁니다.

　그뿐만 아니라 10% 이상 수익 중인 종목들도 정규장(09:00~15:30)이 끝나고 유상증자다 뭐다 악재로 다음 날 하한가로 가는 경우들도 많습니다. 만약 레버리지까지 사용해서 주식 종목을 보유 중이라면, 계좌가 박살 나는 것은 일도 아닙니다. 그렇게 한번 당하고 나면 복구하는 것이 정말 어렵고 힘듭니다. 더럽고 치사한 것들을 참아가면서 열심히 일해서 모은 돈을 날리는 것은 정말 마음 아프고 힘든 일입니다. 직장에 다니면서 월급을 모아서 다시 투자를 할 수 있는 종잣돈을 모으기는 더욱더 힘듭니다.

　그래서 자신만의 비중 기준과 원칙이 없다면, 한 종목에 자기자본의 10% 이상은 매수하지 않는 것이 좋습니다. 그렇게 비중 조절을 하면 예상하지 못한 단기간의 악재로 인해서 주가가 빠질 때 계획적인 분할 매수를 하고, 반등을 줄 때 탈출할 기회가 생깁니다.

　그리고 항상 자기자본의 30% 정도는 현금화시켜두는 것이 좋습니다. 그래야 코로나19니 리시아의 우크라이나 침공 급은 상황으로 증시가 빠진다면 평소 눈여겨보던 좋은 종목들을 저렴하게 매수할 수 있는 기회가 생깁니다. 다른 사람들에게는 공포의 주식 시장을 기회의 주식 시장으로 만들 수 있습니다. 백화점의 세일 기간처럼 말입니다.

편안한 매도 타이밍
잡는 법

수익이 나고 있던 종목이 매도 타이밍을 놓쳐서 손실로 전환되는 경험은 누구나 있을 것입니다. 많은 초보자가 하는 실수 중 하나가 증권계좌에 빨강 +의 수익률을 수익이 난 줄 착각하는 것입니다. 주식은 매도할 때 수익이 정해집니다. '아, 그때 팔았어야 했는데…'라고 생각하는 매매가 계속된다면, 이유도 없고 계획도 없는 매매를 해서 그럴 확률이 높습니다.

그리고 매수 타이밍도 계획적인 매수가 아니라 즉흥적인, 즉 뇌동매매로 보유하고 있는 종목일 확률이 높습니다. 왜냐하면 계획적인 매수를 했다면 매도 계획도 있었을 텐데, 매수 계획이 없다면 매도 계획은 있기 힘들기 때문이죠. 아니면 계획은 했는데 욕심 때문에 매도를 못 했을 수도 있습니다. 아직 매도 원칙과 기준이 세워지기 전이라면 매도는 정확한 매도 원칙과 기준이 세워질 때까지는 분할매도로 매도 원칙을 세우는 것이 좋습니다.

수익을 극대화할 수 있는 분할매도법

이 분할매도 방법은 저의 경험과 연구의 노력으로 현재 저도 사용 중인 매도 방법입니다. 꼭 매매에 적용해서 계획적이고 좋은 매매를 하시길 바랍니다.

중장기로 보유를 계획한 종목이 아니라 단타 관점으로 접근한 종목이라면 매수 후 3~5% 수익이 났을 때 총매수한 비중의 50%는 매도합니다. 그리고 나머지 보유 중인 비중은 매수가격 부근까지 내려오면 매도로 그 매매를 마무리합니다. 그리고 매수가격 부근까지 내려오지 않으면 보유하며 추가 상승으로 수익을 극대화합니다.

계속 급등하면서 바로 상한가를 가는 종목들도 있습니다. 그러나 대부분의 주식 종목들은 1~5% 정도에서 오르락내리락합니다. 그렇기 때문에 3~5% 수익이 난다면 분할매도하는 것이 좋습니다. 그리고 더 상승하는 종목들은 VI(변동성 완화장치 : 종목에 대한 체결가격이 일정 범위를 벗어날 경우 발동하는 것으로, 개별 종목 주가의 급격한 변동을 막는 안전화 장치입니다) 전 2~4호가에서 분할매도합니다. 만약 바로 더 급등하면서 VI에 간다면 VI에서 분할매도를 합니다.

그리고 VI가 풀리고 갭 상승하면서 시작하면 그때 또 분할매도를 합니다. 만약 갭 하락한다면 거기서 다시 분할매도를 합니다. 그 이후 주가가 다시 상승해 2차 VI 갈 때도 1차 VI에서와 동일하게 분할매도 합니다.

만약 상한가를 간 경우에는 상한가에서 분할매도를 하고, 나머지 비중은 다음 날 갭에서 정리하거나 재료의 크기를 확인 후 보유 전략으로 분할매도하는 안정적이고 편안하게 매도할 수 있는 방법입니다.

분할매도를 습관화하면 좋은 이유가 있습니다. 앞에서 설명했듯이 급등해서 상한가까지 바로 가는 종목들도 있지만, 거의 모든 종목은 1~5%에서 오르락내리락합니다. 더 올라갈 것처럼 하다가 빠지는 종목들이 거의 대부분입니다. 그래서 3~5% 수익 중이라면 우선 매수한 종목의 총비중에서 50%는 매도로 수익을 실현합니다. 그러면 이후 주가가 더 이상 상승하지 않고 하락할 때, 총비중의 50%를 매도한 종목의 주가가 매수했던 매수가격 근처에 오면 편안하게 매도로 그 종목의 매매를 마무리할 수 있습니다.

왜냐하면 이미 총비중의 50%를 매도로 수익을 확정시킨 상황이어서 편안하게 매도할 수 있기 때문입니다.

　그리고 만약 더 상승한다면 이미 비중의 50%는 3~5%의 수익을 확정시킨 상황이기 때문에 세력의 흔들기에 흔들리지 않을 수 있습니다. 게다가 편안하고 단단하게 멘탈을 지킬 수 있습니다. 편안한 마음과 단단한 멘탈은 주가가 더 상승하더라도 불안하지 않고 머리로 매매할 수 있는 상황을 만들어줍니다. 그러므로 앞에서 설명했던 VI 전 VI 이후 상한가까지도 편안하게 대응하면서 수익을 극대화할 수 있습니다.

　만약 3~5%의 수익을 분할매도로 수익을 확정시킨 상태가 아니라면 '더 상승할 것 같은데? 하락하면 어떻게 하지?'와 같은 생각이 들면서 멘탈이 불안해집니다. 그리고 그 두려움 때문에 매도 타이밍은 놓치고 자신도 모르게 아무 이유 없이 매도하면서 수익은 적어집니다. 그렇게 비중의 100%를 매도하고 나면 주가가 더 상승합니다. 그리고 고점에서 추격매수를 하면서 작게 봤던 수익을 반납하고 손실로 매매를 마무리합니다. 그렇게 멘탈은 무너지게 됩니다.

편안하고 안정적으로
매수 타이밍 잡는 법

처음 주식 투자를 시작하는 사람들이 아무렇지 않게 많이 물어보는 것들이 있습니다. "어떤 종목이 좋냐?", '매수가격은 얼마냐?', '매도가격은 얼마냐?', '얼마까지 갈 것 같냐?" 하는 것들입니다. 저런 질문들은 조금만 생각해보면 얼마나 이기적인 질문인지 알 수 있습니다.

"나는 힘들고 귀찮아서 최근에 어떤 테마나 섹터들이 좋은 흐름을 보여주고 있는지 찾아보지 않아서 모릅니다. 또 최근에 좋은 흐름의 테마의 섹터들 중에서 어떤 종목이 대장주인지 모릅니다. 게다가 테마와 섹터, 그리고 종목에 대한 공부를 안 했기 때문에 기술적인 분석, 즉 차트 공부는커녕 차트가 뭔지도 모릅니다. 그리고 어떤 종목을 매수할 예정이니까 앞으로 하락하지 않고 상승할 수 있는 종목을 찾아서 알려주세요. 더해서 정확하게 어느 가격에 매수해야 바가지 쓰지 않고 저렴한 가격에 매수하는 건지 알려주세요. 또 어느 가격에 매도해야 시장에서 생각하는 적정한 가격 부근에서 손해를 보지 않고 매도할 수 있나요?"
하고 물어보는 것과 같습니다.

평생을 직장 생활한 뒤 퇴직금을 가지고 노후대책을 위해서 주식을 시작하거나 월급을 모아서 집을 사거나 결혼자금으로 쓰기 위해 주식을 하는 사람들이 있을 수 있습니다. 학자금을 벌기 위해, 자식 결혼자금 등등 누구에게나 피땀을 흘리면서 먹을 거 덜 먹고 덜 쓰고 모은 귀중한 자금일 것입니다.

그런데 그런 귀중한 자금으로 주식에 투자하는 것임에도 아무렇지 않게 낭비합니다. 대부분의 주식 투자를 하는 사람들이 컴퓨터, 냉장고, 가구, 식탁, 스마트폰 등은 저렴하고 좋은 제품을 사기 위해서 찾아보고 비교를 합니다. 그렇게 알아보고 공부하며 조금 더 저렴하고 좋은 제품을 구매하기 위해서 노력합니다.

반면 주식을 매수할 때는 핸드폰이나 가전제품을 사기 위해서 하는 공부와 노력의 10분의 1만큼도 노력하지 않습니다. 어떤 물건을 좀 더 저렴하고 좋은 제품을 사기 위해서 몇 날 며칠을 이곳저곳을 알아보고 비교합니다. 또 사은품은 어떤 것들이 있고 어떤 할인이 있고 어떤 카드를 쓰면 청구할인이 있는지를 자세히 알아봅니다.

그러나 가전제품을 사는 돈보다 훨씬 큰돈으로 주식을 매수할 때는 1분도 생각하지 않습니다. 그저 지인이나 뉴스, 유튜브에서 좋은 종목이라고 하면 주가가 더 상승할까 봐 매수부터 합니다. 매수한 종목의 주가가 높은지, 낮은지, 업황은 어떤지 분석하고 판단하지 않습니다. 매수 후 매수한 종목의 주가가 빠지면서 손실이 시작되면, 그제야 그 종목이 좋은 종목인지, 아닌지 찾아보기를 시작합니다.

주식을 매수하기 전에 컴퓨터, TV, 건조기, 핸드폰, 청소기, 기타 생필품을 구매하기 전에 알아보고 비교한 만큼만 알아보고 비교하며 공부한다면 뇌동매매도 줄일 수 있습니다. 그리고 더 좋은 매수 타이밍을 찾을 수 있습니다. 만약 매수할 타이밍이 보이지 않는다면 자신만의 매수 타이밍이 보일 때까지 매매를 하지 않는 것이 좋습니다. 자신만의 기준과 원칙을 만들어가면서 계속 수정하고 보완해나가며 매수 타이밍을 만들어야 합니다.

그리고 고점에서 물리지 않기 위해서는 고점에서 몇 퍼센트가 하락했는지 확인하는 것이 아닙니다. 저점에서 상승하기 시작해서 몇 퍼센트가 상승했는지를 확인하고 매수한다면, 고점에서 물리는 것을 조금이나마 피할 수 있습니다. 끝으로 조금 더 안정적이고 정확한 매수 타이밍은 중요하고 강해보이는 지지 라인일수록 그 지지 라인을 이탈한 자리일 수 있습니다. 즉, 이동평균선(5일선, 20일선, 90일선, 120일선, 240일선)을 이탈한 자리일 수 있습니다. 이유는 CHAPTER 05에서 확인하실 수 있습니다.

시나리오로
손절매하는 법

시나리오라고 하면 거창한 것 같지만 그렇지 않습니다. 미리 대비해서 대응하자는 것입니다. 주식을 시작한 지 얼마 되지 않은 사람들이 하는 큰 실수가 있습니다. 바로 내가 매수한 종목은 100% 올라갈 것이라고 생각하는 것입니다. 여러분들은 아니라고요? 그럼 정말 다행입니다.

여기서 한 예를 들어보겠습니다. 대부분 주식을 처음 시작하는 투자가들은 주식 투자 공부를 먼저 하지 않습니다. 많은 투자가들이 지인이나 각종 매체를 통해서 종목을 먼저 알게 됩니다. 그리고 그 종목이 주변 지인이나 각종 매체에서 좋다고 했기 때문에 아무 생각 없이 매수합니다. 그 종목의 주가가 높은지, 낮은지 전혀 판단하지 않습니다. 호가 창만 보고 주가가 더 올라갈 것 같다는 느낌으로 매수합니다.

비중은요? 호가 창에서 매수가격을 누르고 주식 주문창에서 가능 버튼(자기자본에서 매수 가능한 최대의 매수량)을 누르고 매수합니다. 즉, 자기자본의 100% 비중으로 매수합니다.

여기서 생각해볼 것이 있습니다. 매수한 종목이 100% 올라갈 것이라고 생각하지 않는다면, 어떻게 자기자본의 100% 비중으로 한 종목을 매수할 수 있을까요(미수나 신용을 사용하면 그 비중은 더 늘어납니다)? 어떤 확실한 재료나 내부자 정보 같은 것이 있었을까요? 그렇지 않을 것입니다. 아무 이유 없이 매수하는 것이 대부분입니다.

그렇게 내가 매수한 종목은 무조건 올라간다고 생각하기 때문에 주가가 하락했을 때 계획을 만들어두지 않습니다. 그래서 주가가 하락해도 손절매하지 못합니다. 그리고 아무 이유 없이 '더 하락하지 않고 상승할 거야'라고 생각합니다. 그렇게 대응하지 않고 가만히 있다가 보유한 종목이 -30%, -40%가 되면 그때부터 그 회사의 매출, 영업이익률, 부채비율 등등을 검색합니다.

그리고 앞으로 어떤 재료나 이슈가 남아 있는지 정말 열심히 찾아보고, 그 종목에 대해서 전문가가 됩니다. 게다가 그 종목이 더 이상 하락하지 않을 이유를 찾습니다. 그 정보들이 마치 자신 혼자만 알고 있는 정보인 것처럼 생각합니다.

검색을 통해서 알게 된 정보나 재료들은 누구나 알고 있는 것들입니다. 이미 주가에 선반영되어 있을 수도 있는 정보들입니다. 그런데 그런 정보들 때문에 주가는 더 이상 하락하지 않을 것이라며 자기합리화를 합니다. 그렇게 아무 계획 없이 매수한 종목을 1~5년간 보유하게 되면서 강제적으로 장기 투자가로 변신을 합니다. 그리고 반등을 주지 않는 종목에 지쳐서 매도하고 나면 그때부터 반등을 줍니다. 그렇게 되면 주식은 정말 어렵고 자신과 안 맞는 것 같다면서 주식 시장을 떠나게 되는 것입니다.

이런 상황을 만들지 않기 위해서는 시나리오, 즉 빠질 때의 시나리오를 만들어서 미리 준비해야 됩니다. 그것은 손절매 라인을 미리 체크해두고, 계획한 손절매 라인이 오면 기계적으로 손절매해야 되는 것입니다. 그 손절매한 종목이 다음 날 상한가를 가는 경우라도 마찬가지입니다. 손절매한 종목이 그다음 날 상한가나 급등을 하는 비율이 높을까요? 아니면 하락할 비율이 높을까요? 만약 급등하는 비율이 높다면 자신의 매수 타점이 너무 고점일 수 있습니다. 아니면 손절매 라인의 문제가 있을 수 있으니 점검하고 수정해서 실수를 경험으로, 경험을 실력으로 만들면 됩니다.

07

주식 매매 전, 해야 하는
준비와 공부

여기서 공부는 수학처럼 공식을 외워서 문제에 대입해서 하나의 정답을 맞혀야 하는 그런 공부가 아닙니다. 주식에는 2,000개가 넘는 종목이 있습니다. 그 2,000개가 넘는 종목을 다 외우라는 말도 아닙니다.

그리고 주식을 어느 정도 공부를 하면서 매매한 사람들은 알고 있습니다. 주식 종목의 테마나 섹터는 돌고 돈다는 것을 말이죠. 예를 들면 조류 독감, 미세먼지, 로봇, AI, 자율주행, 여름, 겨울, 대선 테마 등등 이슈가 되면서 급등했던 종목들이 있습니다. 그리고 그 종목들은 이미 그전에 한 번 이상 이슈가 되었던 종목들입니다.

그러니 최소한 어떤 테마가 좋은 흐름을 보여주는지 그 테마의 대장주 2등, 3등주까지는 종목 공부가 되어 있어야 합니다. 한 테마의 대장주가 돈을 잘 벌고 있는 회사인지, 부채비율이 얼마인지 같은 것까지 알 필요는 없습니다.

　하지만 그 회사가 무엇을 만드는 회사인지, 어떤 이유 때문에 이슈가 되고 그 종목이 왜 대장주였는지 정도는 최소한 알고 있어야 합니다. 각 테마의 대장주를 알고 있고 그 대장주가 좋은 흐름을 보여준다면, '오늘은 그쪽 테마에 돈이 들어오는구나' 하면서 2등주나 3등주까지 바로 나와야 합니다. 그렇게 되면 2등주, 3등주를 매매하면서 나오는 수익은 둘째치고 증시의 흐름을 읽을 수 있습니다. 그러면 자연스럽게 안정적이고 편안하게 매매를 이어갈 수 있습니다. 마치 우리가 알고 있는 삼성, 애플, 테슬라처럼 말입니다.

주식과 수학능력시험의
공통점

수학능력시험(이하 수능시험)이나 기타 시험에서 틀린 유형의 문제를 계속 틀리는 경우가 많습니다. 주식도 매매하면서 했던 실수를 계속해서 반복합니다. 예를 들면, 수익 낼 수 있었던 자리가 있었는데 그 종목이 더 상승할 수 있는 재료나 이슈에 대해서 판단하고 수익실현을 하지 않고 보유했다고 하면 상관없습니다.

하지만 이유 없는 욕심 때문에 수익이 손실로 전환됩니다. 손절매 라인은 체크해두고 이탈했는데 아무 이유 없이 매도하지 않아서 손실이 더 커집니다. 매수 계획을 세워놨던 매수가격이 되었는데 더 빠질 것 같은 두려움에 매수하지 못하다가, 계획해놓은 매수가격이 되었다가 급등합니다. 더 상승할 것 같아서 높은 자리에서 추격매수하고 손실이 납니다.

그러나 수능시험과 주식 사이에는 큰 차이점이 있습니다. 수능시험의 문제는 어떤 유형의 문제가 나올지 모르고, 문제를 선택해서 풀 수 없습니다. 꼭 시험지에 나오는 문제는 모두 풀어서 정답을 맞혀야 만점이 됩니다. 또 정해진 시험 시간 동안에 모든 문제를 풀어야 합니다. 그러나 주식은 풀고 싶지 않은 문제(종목)가 나오면, 풀지 않고 다음 문제(다른 종목)로 넘어가도 됩니다. 시험(매매) 보기 싫으면 보지 않아도 됩니다. 그렇게 해도 시험(매매) 보지 않았다고 혼낼 선생님도, 부모님도 없고, 점수에 전혀 영향을 주지 않습니다.

투자가들은 대부분 이 점을 알지만, 전혀 활용하지 못합니다. 주식 시장에서는 급등하는 종목을 어려운 문제와 풀기 싫은 문제로 보고 대응하면 됩니다. 그러나 많은 투자가들은 급등하는 종목을 풀지 않고는 다음 문제로 넘어갈 수 없는 수능시험 문제로 생각합니다. 그렇기에 이미 급등한 종목에 너도나도 뛰어들고 손실로 매매를 종료합니다.

풀기 힘들고 어려운 문제(종목)는 넘어가고 자신이 쉽게 풀 수 있는 문제(종목)를 찾아서 푼다면, 만점이 나올지는 모르겠지만 정답(수익)을 맞히는 확률은 올라갈 것입니다. 모르는 문제(종목)라면 잘 가리고 보내주고 다음을 기약합니다. 놓친 버스 타려고 택시를 타고 버스를 추격해서 다음 정류장에서 버스를 기다리는 사람은 없을 것입니다.

주식 매매할 때 실수가 반복된다면 잠시 시험장에서 나가도 됩니다. 그리고 답지를 봐도 뭐라고 할 사람이 없습니다. 그러니 매매를 잠시 멈추고 주식 오답 노트를 만들어서 자주 틀렸던 문제들은 푸는 것이 아니라, 잘 풀고 정답을 잘 맞혔던 문제들만 골라서 풀면 됩니다.

매매해서 수익이 난 종목이 있다면 그 종목의 섹터와 테마는 어떤 것이었는지 확인합니다. 그리고 '그 섹터와 테마를 고른 이유는?', '비중은 자금의 몇 %?', '매수 타점을 잡은 이유?', '매도 타점을 잡은 이유?', 손절매 라인을 잡아두었다면 '그 손절매 라인을 잡은 이유?'에 대해서 자세히 적어둡니다.

그리고 주식 종목을 골라서 매매해서 수익이 났던, 쉽게 풀고 정답을 맞혔던 문제를 골라서 똑같은 원칙과 기준을 적용해서 매매한다면 수익 날 확률은 크게 올라갈 것입니다.

그리고 처음부터 수익이 나지 않을 수 있지만, 그 적용했던 원칙과 기준이 쌓이고 쌓여서 자신의 매매공식이 되어서 편안하고 안정적으로 문제를 풀 수 있는 날이 올 것입니다.

추가 매수와
분할 매수의 차이점

추가 매수나 분할 매수는 보유 중인 종목을 또다시 매수하는 것입니다. 그러므로 똑같은 매수라고 생각할 수 있습니다. 그러나 추가 매수와 분할 매수는 전혀 다른 매수 방법입니다.

분할 매수는 첫 번째 매수를 하기 전부터 계획적으로 매수하려고 하는 종목의 사업 상황, 미래가치나 재료를 좋게 봅니다. 그리고 만약 첫 매수를 하고 주가가 하락하면 일정 하락 구간을 설정해서 1·5치로 나누어서 매수 구간을 미리 정해놓고 매수하는 전략입니다.

예를 들어, 어떤 종목이 미래가치나 재료가 좋다고 판단하고 1억 원을 분할 매수하려고 계획했습니다. 그리고 1차 매수를 1,000만 원, 2차 매수를 2,000만 원, 3차 매수를 3,000만 원, 4차 매수를 4,000만 원, 이런 식으로 매수 계획을 잡아놓고 손절매 라인까지 계획합니다. 그렇게 수익을 극대화하기 위한 전략을 만드는 것입니다. 그리고 분할 매수는 종목의 특성마다 매수 구간이 다릅니다. 보유 중인 종목이 3~5% 하락했다고 분할 매수하는 것이 아닙니다. 그 종목이 최근 몇 거래일에 몇 %가 상승했는지를 확인해야 합니다.

최근 거래일 3~5일 동안에 100% 상승한 종목을 분할 매수로 계획한다면, 분할 매수 구간을 크게 크게 잡아야 합니다. 최근 거래일 3~5일 동안에 100% 상승한 종목의 분할 매수 계획을 3~5% 하락했을 때 잡는다면, 더 큰 손실이 날 수 있습니다.

왜냐하면 3~5일 동안 100% 상승했다면, 하루에 10~30% 하락할 수도 있기 때문입니다. 최근에 급등한 종목들은 분할 매수 계획을 크게 크게 하락 15%, 30%, 50% 정도로 차트를 분석하고 판단해서 분할 매수 라인을 크게 크게 잡아야 합니다.

반면 추가 매수는 물타기(매수한 주식의 가격이 하락하면 주식을 추가로 매수해서 평균 매수단가를 낮추려는 행위)라고 합니다. 아무 계획 없이 종목을 매수합니다. 그렇기 때문에 손절매(앞으로 주가가 더욱 하락할 것으로 예상되고, 주식을 매입 가격 이하로 손해를 감수하고 파는 일) 계획도 없습니다. 그리고 이미 주가가 많이 하락했기 때문에 이미 손절매 라인은 이탈한 상황입니다. 게다가 아무 이유 없이 주가가 상승할 것으로 생각하며 매수했기 때문에 자기자본의 큰 비중을 매수합니다.

그래서 큰 손실이 났고 더욱더 손절매가 쉽지 않습니다. 그렇기에 추가 매수로 평균단가를 낮추어서 보유하고 있다가 주가가 반등 시 매도로 손실을 줄이기 위한 전략입니다. 물타기 매매를 할 때 중요하게 생각해야 하는 부분은 손실을 줄이기 위한 전략이지, 수익을 내기 위한 전략이 아니라는 것입니다.

꼭 인정해야 하는 것이 있습니다. 그것은 매수 타이밍이 잘못되었든, 재료나 정보를 다른 사람들보다 늦게 알았든, 손절매 라인을 놓쳤든, 어떤 이유든지 그 매매는 잘못된 매매라는 것을 인정하는 것입니다. 그것을 인정하고 만약 손실이 50%에서 물을 타고 주가가 반등해서 손실이 50%에서 20%로 손실이 준다면, 30%의 수익이 난 것이라고 받아들이고 그 종목은 탈출해야 합니다.

예를 들어 매수했던 가격이 2만 원이었고 주가가 50% 빠져서 만 원이 되었습니다. 그 만 원에서는 100% 상승해야 2만 원이 됩니다. 운이나 좋은 재료, 또는 이슈 거리가 없다면 단기간에 100% 상승할 확률보다 하락할 확률이 더 높습니다. 그리고 추가 매수를 하기 전에 고점에서 넣 %가 빠졌는지를 보지 말고, 바닥에서 몇 %가 올랐는지를 꼭 확인해야 합니다. 고점에서 매수해서 손실 나는 사람들은 대부분 고점에서 30% 하락했으니 좋은 매수 타이밍이라고 생각합니다. 그러나 바닥에서 300~1,000% 오른 종목이라면 고점에서 30% 하락은 할인된 가격이 아닐 수 있습니다.

게다가 더 생각해봐야 할 것은 바닥에서 몇 배 상승한 종목을 고점에서 매수했다면, 대부분 끝물이거나 테마의 재료 소멸로 하락할 확률이 높습니다. 그것을 알면서도 큰 비중의 자기자본으로 높은 가격에 매수했고 손실이 크기 때문에 추가 매수, 즉 물타기를 해야 하는 상황이라면 꼭 몇 번씩 생각해봐야 할 것들이 있습니다. 그것은 추가 매수하려는 이유입니다. '왜?', '재료?', '차트?', '회사의 가치?' 등을 꼭 한번 생각해봐야 합니다.

또 현재 보유 중인 종목이 많이 하락했다면, 주가가 상승한 이유가 있듯이 하락한 이유가 분명히 있습니다. 시장에서 소외된 종목에 물을 타서 수익 낼 확률이 높은지, 이제 새로 시작하는 테마의 종목이나 앞으로 좋은 재료가 남아 있는 종목을 매수해서 수익 낼 확률이 높은지도 꼭 생각해봐야 합니다.

추가 매수의 가장 나쁜 점은 시장에서 멀어지는 것입니다. 추가 매수를 하는 많은 사람들은 추가 매수하려고 하는 종목에 이미 자기자본의 큰 비중이 들어가 있기 때문에 추가 매수해서 평 단가를 낮추려면, 또다시 큰 비중으로 추가 매수를 해야 합니다. 그러면 한 종목에 자기자본의 100%가 들어가 있어 다른 종목들은 눈에 들어오지 않습니다. 눈여겨보던 테마의 종목이 있고, 그 종목이 계획한 매수가격에 와도 매수할 여유자금이 없기 때문입니다. 그렇게 주식 시장과 조금씩 멀어집니다.

운이 좋게도 몇 개월이나 몇 년이 지나서 추가 매수했던 종목이 큰 손실 없이 정리되었습니다. 큰 문제는 여기서 발생합니다. 몇 개월, 몇 년이 지나고 다시 주식을 시작하면 '원래 했던 것들이니까 다시 시작하면 되겠지'라고 생각합니다. 그러나 주식 매매에 대해서 정확한 기준과 원칙이 없는 상태에서 주식 시장을 단 몇 개월 떠났다가 돌아오면 처음부터 다시 시작해야 합니다. 주식을 시작하면서 했던 실수들이 다시 반복될 것이고, 처음부터 다시 하나하나 경험하고 실수하면서 배워나가야 됩니다.

추가 매수는 보유한 기업의 매출, 업황과 재료들이 전혀 문제가 없고 코로나19와 러시아의 우크라이나 침공과 같은 대외적인 문제로 주가가 하락한다면 추가 매수를 한번 생각해볼 수 있습니다.

운과
실력

코로나19로 인해서 많은 것들이 변화했습니다. 최근에 찍은 사진들 중에는 마스크 없는 얼굴의 사진은 찾아볼 수 없고, 마스크 없는 모습이 오히려 어색할 정도입니다. 또한, 사회적 거리 두기로 사적인 모임이 줄어들었습니다. 직장은 재택근무로 전환했고, 학교는 온라인 수업을 하며, 음식은 배달을 시켜 먹습니다. 그리고 부동산 시장에도 큰 영향을 주면서 명동같이 외국인 관광객이 주 고객이었던 곳들의 상가는 비어 있는 상가들이 많아지고, 오히려 주택 근처의 비어 있는 상가들은 줄어드는 모습입니다.

주식 시장에도 코로나19 여파로 2020년 주가가 많이 내렸을 때, 동학개미운동(삼성전자를 시작으로 카카오, 현대차, LG화학 등의 우량주들을 적금처럼 사 모으기 시작)을 통해서 증시로 갈 곳 잃은 돈들이 많이 들어왔습니다. 그렇게 수익을 낸 사람들도 많습니다. 하지만 여기서 한번 꼭 생각해봐야 할 부분이 있습니다. 몇십 년에 한 번씩 찾아오는 대폭락장 이후 어떤 종목을 매수해서 수익이 났다면, 그것이 실력이었는지 운이었는지를 냉정하게 판단해야 합니다.

2020년 3월 말 이후에는 아무 종목이나 사서 보유했다면, 누구나 수익이 났을 자리이기 때문입니다. 만약 자신을 냉정하게 판단했을 때 운으로 수익이 났다고 생각한다면, 수익은 챙겨놓고 매매를 멈추어야 합니다. 그리고 절대 변하지 않는 100% 주식 기법을 처음부터 다시 보면서 공부와 지속적인 노력을 해야 됩니다. 왜냐하면, 운으로 수익을 본 사람들은 자신의 실력인 줄 착각을 하면서 자만감에 미수나 신용, 대출을 통해서 레버리지를 사용해 주식 매매를 하려고 하기 때문입니다.

'아, 그때 대출받아서, 미수나 신용을 사용했으면 더 큰 수익이 났을 텐데…. 아쉽다' 하면서 레버리지를 사용해서 주식 매매를 시작합니다. 그리고 모든 수익을 반납하고 자본금까지 잃는 실수를 합니다. 주식 시장은 계속 상승만 하지 않습니다. 그렇게 하락장에서 고수와 하수의 차이가 납니다.

차트 보는 눈을 키울 수 있는
세상에서 가장 좋은 방법

저는 매일 전 종목 차트를 돌려봅니다. 많이 무식해보일 수 있겠지만, 차트 공부의 최고는 많은 차트를 보고 눈에 익히며 경험하는 것입니다.

우선 전 종목을 돌려보면서 좋아 보이는 차트를 따로 분류해놓습니다. 그 분류해놓은 차트를 또다시 보면서 좋아 보이는 차트 중에서도 더욱더 좋아 보이는 차트를 선정합니다. 이런 과정을 몇 번이고 거쳐서 2,000개가 넘는 종목들에서 10종목에서 20종목으로 줄여봅니다.

게다가 그 종목들을 매매하지 않아도 어떤 방향으로 갔는지 추적 관찰합니다. 더해서 선정해둔 종목 중에서 상승한 종목이 있다면, 그 차트의 패턴을 눈에 익혀서 외웁니다. 거기에 더해 전 종목의 차트를 돌려볼 때 비슷한 패턴의 차트가 있는지 찾아보는 연습을 합니다. 그리고 하락한 종목도 차트를 보면서 상승한 종목의 차트와 어떤 부분이 다른지 놓친 부분이 있는지 확인하고 수정하며 차트 보는 눈을 점점 키워나갑니다.

이 방법을 매일 계속해나갑니다. 처음에는 몇 시간이 걸려도 끝나지 않습니다. 어떤 일이든지 처음에는 익숙하지 않아서 어렵습니다. 그러나 익숙해지면서 차트에 눈을 뜨면 어떤 차트 공부보다 가장 많은 도움이 될 것입니다. "너는 전업 투자가니까 할 수 있는 거지. 직장 다니면서 어떻게 그걸 매일 하냐?"라고 말할 수 있습니다. 여기서 시도해보지도 않고 포기하는 사람과 시도하고 자신의 실력을 키워나가는 사람으로 나뉘고, 그 차이는 매우 큽니다.

만약 정말 시간이 없어서 전 종목의 차트를 돌려볼 수 없다면 적어도 다음의 세 가지 분류의 종목 차트를 돌려 봅시다. 시간이 지나면 지날수록 차트 보는 눈높이가 달라지는 것을 느끼실 수 있을 겁니다.

등락률 상위 100종목

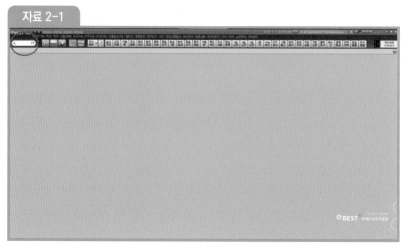

출처 : 이베스트투자증권(이하 HTS 동일)

여러분이 사용 중인 HTS에 접속합니다. 그리고 <자료 2-1>에서처럼 왼쪽 상단의 검색창에 '등락률 상위'를 검색합니다. <자료 2-2>처럼 말이죠.

자료 2-2

자료 2-3

그리고 <자료 2-3>에서처럼 위에서 두 번째 등락률 상위를 클릭합니다(증권사마다 다를 수 있습니다). 그럼 다음의 <자료 2-4>와 같이 등락률 상위 100종목이 검색됩니다. 그 100종목의 차트를 매일 돌려보면서 차트를 익힙니다.

종목명	현재가	대비	등락률	거래량
쌍방울	732 ▲	22	3.10	26,775,679
광림	2,580 ▲	115	4.67	15,668,907
광명전기	3,445 ▲	640	22.82	15,512,076
조일알미늄	2,605 ▲	235	9.92	15,181,218
메이슨캐피탈	985 ▼	14	-1.40	14,801,087
신한 인버스 2X WTI	115 ▼	5	-4.17	14,397,203
기산텔레콤	7,490 ▲	1,340	21.79	14,165,791
이루온	3,135 ▲	280	9.81	12,716,655
KG ETS	21,200 ▲	1,200	6.00	12,407,012
대한전선	2,040 ▲	20	0.99	12,072,689
휴림로봇	3,155 ▲	75	2.44	11,920,464
삼성 인버스 2X WTI	130	0	0.00	9,649,878
KB오토시스	9,810 ▲	1,650	20.22	7,950,880
남선알미늄	2,780 ▲	90	3.35	7,840,506
구영테크	4,705 ▲	195	4.32	7,182,285
네온테크	4,540 ▲	315	7.46	6,739,781
대원화성	3,235 ▲	145	4.69	5,491,691
아진산업	3,490 ▼	45	-1.27	5,040,404
신한 인버스 2X 천연	365 ▼	10	-2.67	4,928,176
에코캡	9,930 ▲	1,380	16.14	4,217,970
잠스토리	3,570 ▼	75	-2.06	3,963,829
골든센츄리	436 ▲	27	6.60	3,921,075
팬오션	7,840 ▲	150	1.95	3,757,358
삼성전자	66,000 ▲	1,100	1.69	3,402,184
TYM	3,255 ▼	75	-2.25	3,332,302
신화콘텍	5,790 ▼	70	-1.19	3,042,434
KG스틸	20,750 ▼	1,050	-4.82	3,021,074
자연과환경	1,875 ▲	25	1.35	3,013,531
흥아해운	3,115 ▲	205	7.04	2,998,889
사조동아원	1,755 ▼	15	-0.85	2,934,285
웅진	2,165 ▼	55	-2.48	2,922,587
이스트아시아홀딩	267 ▼	7	-2.55	2,788,838
동일금속	1,000 ▲	35	3.63	2,780,018
에이티세미콘	1,830 ▼	70	-3.68	2,504,009
KH 건설	954 ▲	91	10.54	2,429,280
피제이메탈	5,810 ▲	500	9.42	2,380,906
큐캐피탈	728 ▼	15	-2.02	2,349,210
한일사료	7,550 ▼	460	-5.74	2,200,277
에코플라스틱	3,530 ▲	50	1.44	2,183,576
우진	14,500 ▲	400	2.84	1,928,650
HLB	37,000 ▲	3,200	9.47	1,920,750

거래량 상위 100종목

자료 2-5

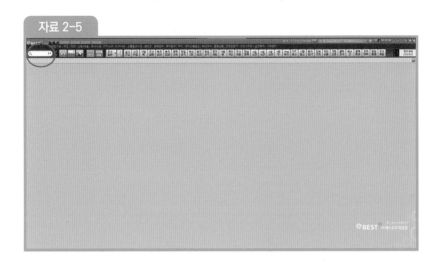

이번에는 <자료 2-5>에서 왼쪽 상단의 검색창에 '거래량 상위'를 검색합니다. <자료 2-6>처럼 말이죠.

자료 2-6

자료 2-7

그리고 <자료 2-7>에서처럼 위에서 두 번째 거래량 상위를 클릭합니다(증권사마다 다를 수 있습니다). 그럼 <자료 2-8>과 같이 거래량 상위 100종목이 검색됩니다. 그 100종목의 차트를 매일 돌려보면서 차트를 익힙니다.

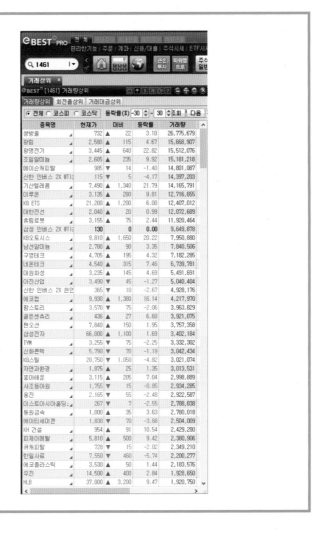

거래대금 상위 100종목

이번에는 <자료 2-9>처럼 검색창에 '거래대금 상위'를 검색합니다.

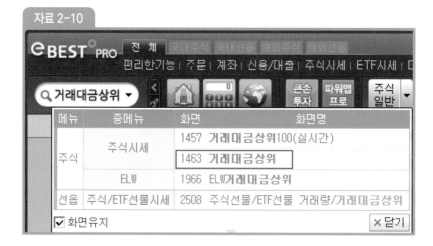

그리고 <자료 2-10>에서처럼 위에서 두 번째 거래대금 상위를 클릭합니다(증권사마다 다를 수 있습니다). 그럼 <자료 2-11>과 같이 거래대금 상위 100종목이 검색됩니다. 그 100종목의 차트를 매일 돌려보면서 차트를 익힙니다.

자료 2-11

종목명	현재가	대비	등락률	거래량	거래대금
KB ETS	21,250 ▲ 1,250		6.25	12,944,595	268,049
삼성전자	66,100 ▲ 1,200		1.85	3,932,309	257,946
SK하이닉스	111,500 ▲ 2,500		2.29	1,165,490	128,561
엔씨소프트	446,500 ▲ 48,000		12.05	267,799	118,134
가산텔레콤	7,600 ▲ 1,450		23.58	14,585,464	106,216
KB오토시스	9,620 ▲ 1,460		17.89	8,504,182	79,451
HLB	37,350 ▲ 3,550		10.50	2,056,168	76,107
에코프로비엠	446,800 ▲ 700		0.16	159,072	69,974
셀트리온	145,000 ▼ 9,500		-6.15	470,300	69,258
KB스틸	20,850 ▼ 950		-4.36	3,144,561	65,691
현대차	185,500 ▲ 5,000		2.77	338,543	62,719
광명전기	3,440 ▲ 635		22.64	17,802,459	57,980
KB케미칼	45,300 ▼ 1,300		-2.79	1,165,420	53,054
기아	86,300			597,573	51,755
크라프트	261,500 ▲ 9,500		3.77	186,940	48,368
에코랩	10,000 ▲ 1,450		16.96	4,583,225	45,920
HMM	30,900 ▲ 100		0.32	1,448,069	44,862
미투온	3,135 ▲ 280		9.81	13,578,071	42,503
광림	2,600 ▲ 135		5.48	15,988,098	42,114
조일알미늄	2,580 ▲ 210		8.86	15,680,068	41,954
휴림로봇	3,145 ▲ 65		2.11	12,309,957	39,050
두산에너빌리	19,000 ▲ 250		1.33	2,051,538	38,684
일동제약	43,900 ▲ 2,250		5.40	857,325	38,133
NAVER	272,000 ▲ 2,000		0.74	136,844	37,094
LG생활건강	692,000 ▲ 1,000		0.14	53,785	37,052
삼성SDI	579,000 ▲ 15,000		2.66	61,570	35,487
구영테크	4,695 ▲ 185		4.10	7,408,379	35,444
카카오	81,000 ▲ 300		0.37	415,919	33,694
LG에너지솔루션	396,500 ▲ 8,500		2.19	81,579	32,284
팬오션	7,820 ▲ 130		1.69	4,126,638	31,978
네온테크	4,575 ▲ 350		8.28	6,974,123	31,930
우진	14,550 ▲ 450		3.19	2,103,395	29,899
대한전선	2,060 ▲ 40		1.98	13,887,162	28,413
넷마블	74,200 ▼ 9,700		-11.56	359,361	27,588
LG화학	501,000 ▲ 15,500		3.19	55,472	27,583
이랜텍	22,550 ▲ 2,350		11.63	1,251,468	27,551
셀트리온헬스케	54,800 ▼ 2,500		-4.36	424,724	26,812
엘앤에프	218,700 ▲ 7,700		3.65	116,968	25,253
현대중공업	122,500 ▼ 1,500		-1.21	198,896	24,729
동진쎄미켐	42,800 ▲ 1,650		4.01	558,740	23,634
씨젠	40,850 ▲ 1,700		4.34	563,726	23,605

앞에서 설명했듯이 매일 전 종목의 차트를 돌려볼 시간이 없다면 등락률 상위, 거래량 상위, 거래대금 상위의 300종목 정도는 돌려보며 차트 공부를 해야 합니다. 그리고 300종목이라고 하지만 겹치는 종목들이 많아 실제로는 300종목이 되지 않습니다. 너무 많다고 느낄 수 있겠지만, 시작이 반입니다. 이 정도도 노력하지 않으면서 실력이 좋아질 수는 없다고 생각합니다.

저점이나 눌림, 그리고 고점에서도
사용할 수 있는 타임머신 심법

매수하려고 하는 종목의 현재 일봉의 주가 부근에 수평으로 선을 긋습니다. 그리고 과거로 돌아가서 쳐놓은 선과 겹치는 일봉의 주가 부근이 다시 온다면 매수할 것인지 자신에게 물어봅니다.

매수할 것이라면, 이제는 분봉으로 가 현재 분봉 상의 주가에 수평으로 선을 긋습니다. 그리고 다시 과거로 돌아가서 쳐놓은 선과 겹치는 분봉의 주가 부근이 다시 온다면 매수할 것인가를 자신에게 물어봅니다. 사신의 매매 기준과 원칙에 부합한다면 매수하고, 그렇지 않으면 매수하지 않으면 됩니다.

이와 같은 방법을 통해 어떤 종목을 매수하기 전에 한 번 더 생각해볼 수 있는 기회가 주어집니다. 그리고 저점이나 눌림목에서 매수하려고 할 때 추가 하락 가능성 때문에 매수를 못 하는 두려움을 이겨낼 수 있습니다. 게다가 저점이나 눌림목을 놓치지 않고 공략할 수 있는 방법으로 활용할 수 있고, 고점에서 물리는 실수를 하지 않을 수 있습니다.

게다가 이 타임머신 심법을 매매에 적용한다면, 매매 역시 하기 전에 한 번 더 생각할 수 있는 시간을 가질 수 있습니다. 그것으로 뇌동매매를 줄일 수 있습니다. 뇌동매매가 줄게 된다는 것은 조금 더 안정적이고 질 좋은 계획적인 매매를 할 수 있게 됩니다.

광명전기를 예로 들어보겠습니다.

광명전기

<차트 24-1>은 현재의 주가를 동그라미 1번으로 표시를 한 차트입니다.

차트 24-2

<차트 24-2>는 현재 주가(1번 동그라미)에 가로선을 그은 차트입니다.
그리고 이제는 과거로 돌아가면서 1번의 가로선과 겹치는 캔들을 찾습
니다. <차트 24-3>의 2번 동그라미 자리처럼 말이죠.

차트 24-3

다음의 <차트 24-4>는 <차트 24-3>의 2번 동그라미 자리를 확대한
차트입니다.

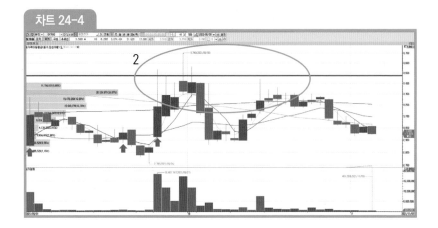

<차트 24-3>에서 1번과 2번 동그라미와 가로선을 확인해봅시다. 1번 동그라미 자리는 현재 주가의 위치를 나타냅니다. 그리고 가로선은 현재 주가를 가로선으로 표시한 것입니다. 그리고 2번 동그라미 자리는 그 가로선과 겹치는 과거의 주가와 캔들의 모습을 나타냅니다.

'만약 과거로 돌아가서 현재의 주가 위치가 2번의 위치라면 매수를 할 것인가?'라고 종목을 매수하기 전에 한 번 더 생각할 수 있는 기회를 가지면 뇌동매매를 줄일 수 있습니다. 뇌동매매를 줄이는 것만으로도 매매의 질은 훨씬 좋아질 것입니다. 분봉과 월봉에서도 사용 가능한 방법입니다.

종목 선정만
잘하면 된다

주식 투자를 하면서 가장 중요한 부분은 종목 선정이라고 해도 과언이 아닙니다. 종목만 잘 선정하면 어떤 기법이나 법칙도 전혀 필요 없이 수익을 낼 수 있습니다. 누구나 알고 있는 것으로 쉽게 생각할 수 있겠지만, 절대 쉽지 않습니다.

종목을 잘 선정하기 위해서는 어떤 것들을 알아야 할까요? 크게는 전 세계와 국내의 흐름을 알아야 합니다. 그리고 국내의 흐름 안에서는 계절마다 이슈가 되는 테마들이 있습니다.

예를 들면 겨울에서 봄으로 넘어오는 시기에는 조류독감, 미세먼지 관련주, 여름, 겨울 테마 등등이 있습니다. 그리고 여름 테마를 다시 한 번 쪼개면 더위 관련해서 에어컨, 창문형 에어컨, 여름철 전력 소비 관련해서는 블랙아웃 관련주 등이 있을 수 있습니다. 계절 테마 관련주들이나 매년 이슈가 되는 테마들은 간단한 검색만으로도 수십 개의 종목이 검색되며 누구나 쉽게 알 수 있습니다.

그러나 여기서 중요한 것은 누구나 알 수 있는 종목들이지만, 아무나 미리 준비하지 않는다는 것입니다. 미리 준비한 사람들은 준비한 종목들이 뉴스나 기타 매체를 통해서 이슈가 되면서 급등할 때 수익을 내고 나옵니다. 그러나 준비를 하지 않은 사람들은 반대로 들어가죠. 그 차이는 주식으로 성공하고, 실패하는 이유 중 가장 큰 이유입니다.

계절 테마뿐만 아니라 거의 모든 주식 종목들은 돌고 돌며 여기저기 서로 관련되어 있습니다. 그렇기에 종목에 대한 공부가 되어 있어야 합니다. 어떤 테마를 말했을 때 대장주, 2등주, 3등주 정도까지는 알고 있어야 합니다. 그래야 조금 더 편안하고 안정적인 매매를 할 수 있습니다. 그렇게 공부한 종목들을 1년(한 사이클), 2년(두 사이클), 3년(세 사이클) 경험을 합니다. 그 경험들이 모여 자신만의 기준과 원칙을 만드는 데 큰 도움을 줍니다.

급등하는 좋은 종목 누구나 쉽게 찾는 방법

3시 30분에 주식 시장의 정규장이 끝나면, 오늘의 등락률 상위 100개 종목을 확인합니다. 그리고 당일 주가가 10% 이상 급등한 종목들을 모두 관심 종목에 넣어둡니다. 주가가 10% 이상 급등했다가 위 꼬리를 달면서 내려온 종목들도 포함시킵니다. 그 종목 중에서 거래량이 100

만 주 미만인 종목들은 제외시키면서 종목들을 추려나갑니다. 더해서 그 추린 종목 중에서 최근에 이슈되고 있는 종목들이나 재료가 살아있다고 생각되는 종목들로 다시 한번 추립니다. 그렇게 추리고 추린 종목들을 날짜별로 정리해둡니다. 그리고 그 종목들을 매일매일 돌려보면서 추적 관찰을 합니다.

99% 이상의 급등하는 종목들은 당일 급등하면서 시세를 줬다면 정말 엄청난 재료나 이슈가 아니라면, 거의 모든 종목들은 그다음 날이나 며칠 동안은 거래량이 줄면서 조정을 주거나 쉬어가며 개미들이 떨어져 나간 이후 급등하기 때문입니다. 그리고 미수를 사용하는 사람들은 영업일 2일 안에는 매도해야 미수금이 발생하지 않습니다. 차트를 보면 거래량이 급격히 줄면서 나오는 2음봉 이후에 다시 재급등을 하는 이유 중 하나입니다.

그렇기에 선정한 종목들을 추적하고 관찰해야 합니다. 혹시 그저께 점심으로 무엇을 먹었는지 기억하시나요? 사람들은 어제 점심에 무엇을 먹었는지 기억하지 못할 만큼 망각의 동물입니다. 그것은 주식에서도 마찬가지죠. 어떤 종목이 있고 정말 좋은 종목이라고 생각해서 '그 종목의 수가가 내려오면 꼭 사야지'라고 생각합니다. 그러나 며칠이 지나고 나면, 그 종목이 어떤 종목이었는지조차 기억나지 않습니다. 그렇기 때문에 날짜별로 종목을 선정해서 매일매일 그 종목들을 돌려보면서 자신의 기억을 상기시켜줘야 합니다. 이것만 매일매일 하면서 1년 이상을 지속할 수 있다면, 당신은 주식 투자가 상위 5% 안에 드는 실력자가 될 것이라고 확신합니다.

격려와 응원을 해주는 사람을 옆에 두어라

결혼한 사람이라면 남편과 아내에게 주식 투자를 하고 있다고 꼭 말해야 합니다. 왜냐하면 주식 시장이 좋아서 수익을 내고 있는 상황이라면 상관없겠지만, 예를 들어 2022년 2월 러시아에서 우크라이나 침공과 같은 내외적인 이유로 주식 시장이 급락하는 주식장에서는 손실로 멘탈이 흔들릴 수 있습니다. 그 흔들리는 멘탈은 회사 생활에 악영향을 줄 수 있습니다. 그리고 가장 소중한 것 중 하나인 가정을 위태롭게 만들 수 있기 때문입니다.

그리고 자신이 주식 투자로 수익을 내기 위해 평소 꾸준히 준비하고 열심히 노력하고 공부했다면, 남편이나 아내는 분명히 그 노력을 알 것입니다. 그러다가 주식 투자로 수익이 난다면 같이 기뻐해줄 것이고, 대외적인 악재로 힘든 주식 시장에서는 응원과 격려로 힘이 되어줄 것입니다.

개미와 반대로
투자해라

'개미와 반대로 투자해야 성공할 수 있다'라는 말은 누구나 한 번은 들어본 말일 것입니다. 실제로 맞는 말이기도 합니다. 많은 개미 투자가들은 친척, 친구나 주변의 지인들이 주식으로 돈을 벌었다고 말을 듣고 주식 투자를 시작합니다. 왜냐하면 자기가 생각했을 때 자기보다 크게 잘난 것 없어 보이는 주변의 지인들이 주식 투자로 큰돈을 벌었다고 하니 나도 충분히 벌 수 있겠구나 하면서 너도나도 주식을 시작하는 것입니다. 그 주변 지인들이 주식으로 돈을 벌기 위해서 보이지 않는 곳에서 한 공부와 지속적인 노력은 전혀 생각하지 않습니다.

제가 가끔 돈가스와 메밀국수를 먹으러 가는 가게가 있습니다. 어느날, 그 가게 사장이 나에게 주식을 하냐고 물어봤고, 저는 왜 물어보는지 그에게 물었습니다. 그러자 그 가게 사장은 저에게 아직 주식을 시작하지 않았다면, 어서 주식을 시작해서 삼성전자를 사라고 했습니다. 저는 왜 삼성전자를 사야 하는지 묻자 그 사장의 답변은 삼성전자는 10만 원까지 가니까 사서 10만 원에 팔면 된다는 것이었습니다.

그래서 저는 삼성전자가 왜 10만 원까지 간다고 생각하는지 물어봤습니다. 그 사장의 답변은 놀랍게도 자신은 잘 모르지만, 그냥 주변에서 모두 삼성전자는 10만 원까지 간다고 해서였습니다. 그에게 주식을 시작한 지 얼마나 되었냐고 물어보자 그는 이제 막 3개월 되었다고 했습니다.

이 일을 통해 저는 '이제는 주식의 비중을 조절하고 현금화를 해두어야 하는 상황'이라고 생각했고, 그렇게 했습니다. 마치 '카네기와 구두닦이 소년의 이야기'를 보는 것 같았습니다.

1928년에 미국의 대호황기에 있었던 일로, 철강왕 앤드류 카네기 (Andrew Carnegie, 카네기 스틸의 창업자, 그의 전성기 때 재산을 현재 가치로 계산 시 약 452조 1,660억 원의 자산가)가 어느 날, 구두를 닦으러 갔습니다. 거기에는 구두 닦는 소년이 있었습니다.

그 구두닦이 소년은 카네기의 고급 구두를 보고, 카네기에게 돈이 많냐고 물어봤습니다. 카네기는 뭐 그냥 신고 다니는 거라고 말했습니다. 이에 그 구두닦이 소년은 카네기에게 주식이 많냐고 물어본 후, 자신은 학비로 쓸 돈으로 주식을 많이 샀다고 하면서 진작에 더 사놨어야 했다고 했습니다. 그 소년은 카네기를 알아보지 못하고, 카네기처럼 주식이 많았으면 좋겠다며 부럽다고 했습니다. 그 소년은 카네기의 구두를 닦으면서 계속 자신의 주식이 상승 중이라며 흥분하면서 한참을 주식 이야기를 늘어놓았습니다.

카네기는 구두를 다 닦고 사무실로 돌아가자마자 증권사에 전화해서 자신이 보유 중인 주식을 모두 매도하라고 말했습니다. 증권사에서는 이렇게 좋은 장에서 모든 주식을 매도한다고 하니 미쳤다고 생각하면서 여러 번 카네기를 말렸습니다. 그러나 카네기는 가난하게 구두를 닦는 소년이 자신의 학비로 주식을 샀다면, 주식을 살 수 있는 사람들은 모두 샀다고 생각했기 때문에 매도해야 된다고 생각했습니다. 그 후 몇 달 뒤 미국은 경제 대공황이 시작되었고 주가는 폭락했으며, 자살하는 투자가들이 많이 나왔다고 합니다.

한국에서는 '아기 엄마가 아기의 손을 잡거나 업고 객장에 들어오면 주식을 매도해야 될 때'라는 말이 있었습니다. 그러나 이제는 객장(고객의 투자 판단을 돕는 자료를 제공하기 위해 주식 시장 정보를 한눈에 볼 수 있도록 시세판을 설치하고 각종 투자 자료를 갖추고 있는 곳)이 없습니다.

CHAPTER

03

주식에 가장 필요한 자격증

공부와
지속적인 노력

주식에는 공부, 준비, 지속적인 노력이라는 자격증이 필요합니다. 의사 면허증이 없는 의사, 변호사 면허증이 없는 변호사, 운전면허가 없는 운전기사들이 있다면 어떻게 생각하나요?

현재 여러분들이 사업 중이라면, 회사의 중대한 소송을 면허증이 없는 변호사에게 변호를 맡길 수 있나요? 사랑하는 가족이 아프고 다쳐서 수술해야 할 때, 면허증이 없는 의사에게 수술을 맡길 수 있나요? 사랑하는 자식이나 손자, 손녀가 어린이집이나 유치원에 갈 때 버스로 통학하는데, 운전면허가 없는 무면허 운전기사인 것을 알았다면 어떻게 행동할 것인가요?

답은 누구나 알고 있습니다. 그러나 아무나 행동으로 옮기지 않습니다. 어떤 일이든지 경험이 없었던 일을 처음에 시작할 때는 누구나 실수를 많이 합니다. 그 실수들이 모여서 경험이 되고 실수를 줄이고 앞으로 나아가면서 전문가가 됩니다. 주식도 똑같습니다.

우리는 실수를 통해서 경험을 합니다. 그리고 그 실수를 줄이기 위해서 실수했던 부분을 고치고 수정합니다. 그리고 그 과정을 계속하면서 좋은 매매를 할 수 있게 지속적으로 노력하고 공부해야만 됩니다. 매번 같은 실수를 하면서 '그 실수를 왜 하게 된 건지' 원인 분석을 해야 합니다. 변화하려고 공부하며 지속적인 노력을 해서 매번 했던 실수를 점점 줄일 수 있도록 해야만 합니다. 주식에 물렸다고들 하시는데, 주식은 물지 않습니다. 내가 문 것입니다.

처음에는 지속적으로 노력해도 공부하는 것이 작아 보이고 필요 없게 느껴질 수 있습니다. 그리고 그 대가가 바로 나오지 않을 수도 있습니다. 1년, 3년, 5년, 10년이 걸릴 수도 있습니다. 그래도 계속 노력하고, 계속 공부해야 합니다. 그 공부와 노력을 얼마만큼 오랫동안 지속할 수 있느냐에 따라서 성공이 결정됩니다.

목표나 이루어낸 것이 없고 그동안의 지속적인 노력과 공부가 그냥 사라지지는 않습니다. 그 공부와 지속적인 노력이 쌓이고 쌓여서 멋진 에베레스트산이 된다고 믿어야 합니다. 그 믿음의 크기와 정도가 물질적이든지, 정신적이든지 선물이 되어 돌아올 것입니다. 자신이 했던 공부와 지속적인 노력은 자신만이 압니다. 그 누구의 평가도 필요하지 않습니다.

'될 때까지만' 하겠다는
성공 마인드

아기가 엄마 배 속에서 태어나서 누워 있다가 뒤집기를 하기 위해서 발을 드는 동작을 몇 번 하는지 아시나요? 일어서서 걷기 위해서 몇 번을 넘어지고, 엉덩방아를 찧고 넘어지는지 아시나요? 그 횟수는 중요하지 않습니다. 아기는 뒤집을 수 있을 때까지, 일어서서 걸을 수 있을 때까지, 뛸 수 있을 때까지, 즉 될 때까지 계속 시도를 합니다. 우리에게도 아기와 같은 마음가짐이 필요합니다.

어떤 무언가를 이루거나 얻기 위해서는 강력한 동기부여가 필요합니다. 동물들을 훈련할 때도 칭찬과 함께 보상, 즉 먹이를 계속 주면서 훈련합니다. 이처럼 사람에게도 강력한 동기부여가 필요합니다. 사람은 게으른 존재입니다. 세상의 문물들이 발전하면 할수록 사람들은 점점 덜 움직이게 되고 머리를 덜 쓰며 삽니다. 노력하지 않아도 되는 환경에서는 어떤 삶을 살까요? 사업이나 주식이나 노동을 통해서 일하지 않아도 먹을 걱정과 자식의 교육 걱정, 입을 걱정, 그리고 잠잘 곳의 걱정을 하지 않게 된다면 인생이 어떻게 될까요?

누구나 즐겁고 행복한 삶을 살까요? 누구는 만족하며 살 것이고, 누구에게는 지루하고 심심한 하루가 계속 이어질 것입니다. 만족하는 삶에서는 새로운 삶이 있을 수 있을까요? 현재의 삶이 만족스럽지 못하다면 무엇을 해야 될까요? 현재 삶이 정말 너무 힘들고, 깊은 수렁 속에 빠져 있는 것 같고, 죽을 것 같다면 다행입니다. 이제부터 변화할 수 있기 때문입니다. 사람은 죽을 것 같고 정말 절실할 때, 비로소 변화해야겠다고 생각하게 되고 변할 수 있습니다. 50년 동안 흡연하면서 죽어도 담배는 못 끊는다는 사람도 "폐암 말기입니다"라는 말을 들으면 바로 담배를 끊는 것처럼 말입니다.

그러면 어떻게 시작해야 할까요? 전혀 어렵지 않습니다. 그냥 편하고 여유롭게 이루고자 하는 목표를 세우고 계획에 맞춰서 천천히 하나씩 이루어나가기만 하면 됩니다. 언제까지? 될 때까지만요.

실패는 나를 더욱더
똑똑하게 만들어준다

실패와 실수는 피드백입니다. 즉, 진행된 행동이나 반응의 결과를 자신에게 알려주는 것일 뿐입니다. 그 반응과 결과를 통해서 나를 더욱더 똑똑하게 만들어주기 위해서 실패와 실수가 있는 것입니다. 더 좋은 결과를 만들 수 있게 도와주는 것이죠.

그래서 실패하고 실수할수록 나를 더욱더 똑똑하게 만들어줍니다. 그 과정을 거치면서 성공에 가까워집니다. 많이 실패하고 실수하면서 더욱더 똑똑해집시다.

실패는
정류장이다

실패는 성공으로 가는 목적지에 지나치는 정류장입니다.

어떤 분야든지 성공하고 성과를 내기 위해서는 무엇이 필요할까요? 돈? 운? 가족의 도움? 환경? 몇몇 성공하고 자신의 분야에서 업적을 이룬 사람들 중에는 돈과 운, 그리고 가족의 도움과 같은 환경적인 이유로 업적을 이룬 성공한 사람들도 있습니다. 그러나 성공한 사람들의 대부분은 무에서 유를 창조했습니다. 그렇게 일구어낸 사람들의 값어치는 더욱더 빛이 나죠.

그렇게 성공한 사람들에게는 공통적인 능력이 있습니다. 그것은 지속하는 능력, 즉 절대 포기하지 않고 무엇이든 될 때까지 한다는 끈기라는 능력입니다. 한 번, 아니 수십, 수백, 수천, 수만 번 실패해도 포기하지 않습니다. 그들은 '실패는 성공으로 가는 과정'으로 받아들이면서 될 때까지 합니다.

실패는 성공이라는 목적지에 가는 도중 지나가는 정류장입니다. 누구나 지나가야 하는 정류장이지만, 누구는 정류장에서 내립니다. 또 누구는 목적지에 가기 위해서 정류장에서 내려서 전철이나 지하철 등을 타고 목적지를 향해 갑니다. 여기서 중요한 것은 목적지(성공)를 향해서 갈 때, 버스나 지하철, 택시 등 어떤 것을 타고 가는 것이 아닙니다.

힘들면 잠시 쉬어가도 됩니다. 그리고 포기하지 않고 계속 목적지(성공)를 향해가기만 하면 됩니다. 그러면 성공이 내 앞에 있을 것입니다. 실패라는 정류장을 지나서 말이죠.

CHAPTER

04

목표를 이루기 위한
실천 팁

평소 일어나는 시간보다
1시간 일찍 일어나기

평소 일어나는 시간이 오전 6시라면 오전 5시, 오전 5시라면 오전 4시에 일어납시다. 1시간 일어나서 자신이 성공하고 싶은 분야의 공부를 하고, 그 분야에 대해 지속적인 노력과 희생을 합시다.

만약 성공하고 싶은 분야가 주식이라면 평소 일어나는 시간보다 1시간 일찍 일어나 해외증시와 우리나라의 헤드라인 뉴스를 확인합니다. 그 뉴스를 통해 시장에서 돈이 몰릴 수 있는 종목들을 선정하고, 선정했다면 시나리오를 만들어봅니다.

그 뉴스가 이미 시장에서 재료로 반영되면서 갭 상승이 예상된다면, 갭 대응 시나리오를 만들어봅니다. 갭이 뜨고 나서 눌림에서 공략할 것인지, 아니면 시초가(갭)에 공략을 할 것인지를 계획합니다. 만약 시초가에서 매수 계획을 세웠는데 주가가 하락하게 되면, 어느 가격에서 분할 매수를 할 것인지, 자기자본의 몇 퍼센트의 비중을 매수할 것인지, 만약 더 하락하면 손절매는 어느 가격에서 할 것인지와 같은 매매 계획을 세웁니다. 그렇게 하면 뇌동매매와 추격매수 같은 실수를 미리 방지할 수 있습니다.

그러나 현재 주식을 어디서 매수, 매도를 해야 될지 모르거나, 어디서 손절매를 해야 하는지 모른다면, 매매는 멈추어야 합니다. 어디서 매수, 매도, 손절매해야 하는지 공부부터 하고, 자신의 매매 기준과 원칙을 세워나가야 합니다.

자동차 운전면허가 없고 운전을 할 줄 모르는데, 자동차부터 사놓고 운전하는 방법을 배우는 사람이 있나요? 도로 신호등의 신호조차 모르면서 운전을 하면 어떻게 될까요? 사고(손실)로 이어질 확률이 높습니다. 또 다른 예로, 골프를 시작했는데 골프클럽마다 번호가 왜 있는지도 모릅니다. 사용법도 모릅니다. 골프공을 맞추지도 못합니다. 그런 상황에서 필드에 나가서 골프공 맞추는 연습을 하고, 골프의 규칙을 배우고, 연습하면서 골프를 치는 사람이 있나요? 아마 뒤에 오는 다른 골프팀에서 난리를 칠 것입니다. 골프 연습장에서 골프 연습하고 노력하듯이 주식을 대해봅시다.

모든 일에는 순서가 있습니다. 우선 기어야 걸을 수 있고, 걸어야 뛸 수 있습니다. 더구나 주식은 피땀 흘려 번 돈이 걸려 있습니다. 진지하고 신중하게 배워야 하고 꾸준히 노력해야 됩니다.

출퇴근 시간의
중요성

우리나라 직장인의 하루 평균 출퇴근 시간은 약 100분(1시간 40분)이 넘습니다. 그리고 서울에 사는 직장인의 경우, 2시간이 넘습니다. 하루에 2시간이면 주 5일 근무로 계산하면 일주일에 10시간입니다. 한 달을 4주로 계산하면 40시간이고, 1년을 52주로 계산하면 520시간이고, 약 21일이 됩니다.

그리고 잠자는 시간, 먹는 시간, 씻는 시간 등을 뺀 하루의 활동하는 시간을 12시간으로 계산하면, 520시간은 43일이 됩니다. 한 달 보름에 가까운 엄청난 기간입니다.

많은 사람들이 출퇴근을 하면서 낭비하는 43일의 귀한 시간을 관리합시다. 그리고 다른 사람들보다 많은 시간을 쓰면서 목표를 이루기 위해 활용합시다. 2년의 출퇴근 시간을 잘 활용하면 다른 사람들보다 86일의 시간을 더 쓸 수 있습니다. 다른 사람들보다 많은 시간을 쓸 수 있다는 것이 그 무엇보다 중요한 부분 중 하나라는 것을 알아야 합니다. 그리고 그것을 이용해서 행동으로 옮긴다면 몇 년 후에는 누구나 목표하고 원하는 것들을 이룰 수 있을 것입니다.

매일 계획을 쓰고
점검하기

매일 계획을 글로 써서 계획표를 만듭니다. 그리고 목표를 이루기 위해 정한 계획들을 잘하고 있는지 아침저녁으로 계속 항상 점검합니다.

앞에서 설명했듯 사람은 게으른 존재입니다. 언제든지 '이만하면 되었어'라고 내면에서 방해할 때가 있습니다. 그것들에 저항하고 이겨내야 이루고자 하는 목표에 한 걸음 다가설 수 있습니다. 절대 한자리에 머물지 말고 한 걸음이나 반걸음도 좋습니다. 계속해서 걸어나갑시다.

점검과
채워 넣기

지속적인 노력을 하고 있지만, 만약 목표치를 채우지 못했다면 친구 만나서 놀기, 밥 먹기, 영화 보기와 같이 중요하지 않은 다른 일들은 모두 미루어두고, 주말이나 휴일을 이용해서 꼭 목표부터 채워야 합니다. 하루 이틀 미루다 보면 1년, 5년, 10년 치가 미루어져 있습니다. 그리고 미루어진 일을 하다 보면 '저 일들을 언제 모두 할 수 있을까?'라는 생각이 들면서 쉽게 포기하게 됩니다.

세상에 공짜는 없다, 희생

시간을 희생해야 합니다. 다른 사람들이 하는 모든 것들(재미있는 것들)을 똑같이 하면서 자신의 분야에서 성공할 수는 없습니다. 자신의 분야에서 다른 사람들보다 앞서려면 재미있는 것들을 포기하고 시간을 희생해야 합니다. 그리고 어떤 분야가 되었든 그 분야에 대한 공부와 노력을 해야 합니다. 그 공부와 노력을 얼마나 지속할 수 있는지가 다른 사람들과의 차이를 만들고 성공을 만듭니다.

빠질 수 없는 회사 회식이 있습니다. 그 회식에 갔다 오면 피곤하고, 공부할 시간도 없습니다. 그럴 때 '어쩔 수 없다. 내일 해야지'라는 생각을 버려야 됩니다. 그 회식에서 술을 먹고 대리운전이나 버스, 택시, 전철을 타고 집에 가는 시간이라도 오늘 해야 할 공부와 노력을 다음 날로 미루지 말아야 합니다. 30분이나 10분, 단 5분도 좋습니다. 매일 지속적으로 노력을 계속해야 합니다. 될 때까지만 하면 무엇이든지 됩니다.

책과
시간

성공하고 싶은 분야에서 먼저 성공한 사람들의 책을 읽거나 강의를 듣고 봅시다(아침에 1시간 일찍 일어나서 하거나 출퇴근 시간을 활용합시다). 그들의 책을 통해서 노하우를 배울 수 있고, 가장 중요한 시간을 살 수 있습니다. 한 분야에서 성공한 사람들에게는 그 분야에서 성공하기 위해 바친 시간과 노력이 있습니다. 그리고 그 바친 시간과 노력이 그들의 책에 모두 담겨 있습니다. 답은 항상 책에 있고 책과 시간은 돈입니다.

성공한 사람들은
명상을 한다

성공한 사람들은 대부분 명상을 했습니다. 명상을 배우고 꾸준히 하면서 흐트러진 마음을 모아 집중했습니다. 명상 습관을 지닌 성공한 사람들을 소개해봅니다.

스티브 잡스(Steve Jobs)
애플 창업자

스티브 잡스는 인도에 가서 몇 달 동안 스승을 찾아 여행을 했습니다. 일본의 스님 법회에 찾아가 명상하고, 그의 제자를 따라 계속해서 명상했습니다. 심지어 결혼식 주례도 명상하며 따르던 스님한테 부탁했습니다.

명상을 꾸준히 하면서 잡스는 집중하는 법을 배웠습니다. 복잡한 삶보다는 단순하면서도 정리된 미니멀한 삶을 좋아하게 되었다고 합니다. 이런 삶의 철학이 애플의 제품을 만들 때도 많은 영향을 줬다고 합니다. 잡스는 자신의 명상 경험에 대해서 물어보는 사람들이 있으면 이렇게 대답했다고 합니다.

"만약 당신이 가만히 앉아 마음을 바라보게 되면 얼마나 마음이 시끄러운지 깨닫게 될 것입니다. 그런데 마음을 고요하게 하려면 더 시끄러워질 것입니다. 하지만 시간을 두고 계속해서 명상하면, 어느 순간부터 마음이 고요해지면서 전에는 느끼지 못했던 미묘한 것을 느끼게 됩니다. 그러다 보면 새로운 영감이 떠오르면서 더욱 명확하게 현재에서 알아차리게 됩니다. 이런 식으로 바빴던 마음의 속도가 점차 줄어들면 그 순간 마음이 넓어지면서 예전에 못 봤던 것을 보게 되는데, 이것은 연습이 필요합니다."

레이 달리오(Ray Dalio)
금융계의 스티브 잡스라고 불리는 세계 최대 헤지펀드 약 200조를 운영, 브릿지워터의 창업자

"매일 40분의 명상이 나의 성공 비결입니다."

오프라 윈프리(Oprah Gail Winfrey)
20년 넘게 낮 시간대 TV 토크쇼 시청률 1위를 고수해온 미국의 오프라 윈프리 쇼의 진행자이자 방송인

"명상을 하면 나는 1000% 더 나은 사람이 됩니다."

아놀드 슈왈제네거(Arnold Schwarzenegger)
세계적인 보디빌더였으며, 영화배우이자 캘리포니아 주지사

"목표가 무엇이든 명상을 권하고 싶습니다. 이것이 내 성공 비결입니다."

클린트 이스트우드(Clint Eastwood)
살아 있는 전설, 거장 감독이자 배우

"40년 동안 명상을 했습니다. 누구에게나 도움이 되는 훌륭한 스트레스 관리법입니다."

비틀즈(The Beatles)
세계적인 영국 밴드

"명상을 만나고부터 일은 더 커지고 더 커져 세상을 이끌게 되었습니다."

김승호 회장
세계 1위 도시락 회사 스노우폭스의 회장

스노우폭스는 2019년도 매출액은 거의 1조 원인 회사입니다. 《돈의 속성》, 《생각의 비밀》, 《김밥 파는 CEO》 등의 저자인 김승호 회장은 중앙대를 중퇴하고, 미국으로 건너가 일곱 번의 사업에 실패하고 포기하지 오뚝이처럼 일어섰습니다.

그는 말하는 꿈을 현실로 만드는 비법은 '정확한 목표와 그것을 이룰 수 있다는 믿음'입니다. 또 그 목표와 꿈들을 종이에 적고, 그것을 계속 읽고 기억하고 되새기고 간직해야 합니다. 그리고 그것들이 이루어졌을 때의 모습을 아주 자세히 상상하고 느끼며 시각화합니다.

지금 주변에 있는 눈에 보이는 모든 것들은 누군가의 상상으로 만들어진 것들입니다. 스마트폰은 스티브 잡스, 가정마다 있는 개인용 컴퓨터는

빌 게이츠(Bill Gates), 그 외에 비행기, 자동차, 지하철, 옷, 음식 등등 눈에 보이는 모든 것들은 이미 누군가의 상상과 생각에서부터 나온 것들입니다.

"우리는 현실 속에 살고 있다고 생각합니다. 그러나 우리가 생각과 상상을 하지 않으면 어떤 것들을 깊게 생각하고 상상하는 사람들의 생각과 상상 속에 살게 됩니다. 우리가 아무런 생각과 상상을 하지 않을수록 다른 사람의 생각과 상상물에서 살게 됩니다."

켈리 최
켈리델리의 회장, 《웰씽킹》, 《파리에서 도시락을 파는 여자》의 저자

켈리 최는 사업에 실패해 10억 원 빚이 생기면서 다른 사람들을 만나는 것조차 무섭게 되면서 2년 동안을 밖에 나가지 않았고 우울증은 점점 더 심해졌습니다. 자신이 잘못했던 것들을 계속 생각하며 살다가 결국 프랑스 센강에서 자살하려고 했었습니다. 그 순간 엄마가 떠올랐고, 엄마의 자랑거리이자 희망이었던 자신이었기에 죽을 수 없었다고 합니다.

그녀는 현재 켈리델리라는 글로벌 기업의 회장입니다. 켈리델리는 유럽 12개국 1,200개의 스시 매장과 6,000억 원의 매출을 올리는 회사입니다. 2020년 영국 부자 기준으로 켈리 최는 345위였습니다. 영국의 유명한 축구선수 데이비드 베컴(David Beckham)이 훨씬 뒤에 있고, 영국의 엘리자베스(Elizabeth II) 여왕이 켈리 최보다 10위 뒤에 있습니다. 이 모든 것들을 7~8년 만에 만들어낸 것입니다. 이것은 명상과 시각화에서 시작되었습니다.

가장 중요한 것은 세운 목표가 어떤 분야든 그 목표가 이루어졌을 때의 모습과 주변 상황을 자세히 상상합니다. 여기서 포인트는 그 목표가 이루어졌을 때의 그 기분을 느끼면서 시각화하면서 명상을 해야 합니다. 매일 아침에 일어났을 때와 잠자기 전, 하루 두 번 합니다.

무조건 100일만
따라 해보자

    무조건 앞서 이야기한 방법들을 100일만 해봅시다. 일어나기 힘들고 귀찮아서 못하겠다고 하는 사람은 하지 않아도 됩니다. 자신의 변화나 성공을 정말 간절하고 절실하게 원하지 않는 것이니까요. 정말 간절하고 절실하게 원하고 노력한다면 어떤 일이든 이루어집니다.

CHAPTER

05

입장 바꿔서
생각해보자

정확하게 이동평균선에
대해 알아보기

　이동평균선은 일정 기간의 주가를 산술 평균한 값인 주가 이동평균을 차례로 연결해 만든 선입니다. 그리고 주식 시장에서 주가와 거래량 및 거래대금은 매일매일 변하지만, 특정 기간을 놓고 보면 일정한 방향성을 지닙니다. 이를 수지화한 것이 이동평균선입니다. 3일, 5일, 20일, 60일, 120일, 240일 등의 이동평균선이 있습니다.

　간단하게 말하면 5일선은 주식 거래일 5일간의 평균주가, 20일은 20일의 평균주가를 나타낸다고 보면 됩니다. 즉, 거래일 5일은 일주일을, 20일은 한 달의 평균값으로 보면 됩니다. 증권방송이나 주식 관련 유튜브를 보면 항상 나오는 선들입니다. 어떤 상황에서는 지지 라인, 즉 주가가 더 이상 내려가지 않게 받쳐주는 라인이 됩니다. 그리고 어떤 상황에서는 저항 라인, 즉 주가가 더 이상 올라가지 못하게 막는 라인이 됩니다.

주가가 이동평균선보다 위에 있을 때는 밑에 있는 이동평균선들이 지지 라인이 되는 것입니다. 그리고 주가가 이동평균선 밑에 있을 때는 위에 있는 이동평균선들이 저항 라인이 됩니다.

주식을 시작하고 차트 공부를 한다면 누구나 알고 있는 기본적인 하나의 기법입니다. 주가가 5일 이동평균선 눌림자리에서는 단기 매매를 할 때 사용합니다. 주가가 20일 이동평균선에서 눌림을 주거나 상향 돌파한다면, 스윙매매의 매수 타이밍이 될 수 있습니다. 주가가 240일 이동평균선에서 부근이라면 주가의 저점일 수 있다고 말합니다. 누구나 한 번쯤은 들어봤을 것입니다.

그런데 한 번이라도 저 이동평균선들이 왜 중요하다고 말하는지 생각해본 적이 있나요? 5일 이동평균선은 영업일 5일 동안, 즉 일주일의 평균주가를 나타내는 선이라서? 20일 이동평균선은 영업일 20일 동안, 즉 한 달의 평균주가를 나타내는 선이라서? 240일 이동평균선은 영업일 240일, 즉 1년의 평균주가를 나타내는 선이라서? 누가 결정한 것이고, 왜 그렇게 생각을 해야 할까요?

각 증권사에서 HTS나 MTS 앱을 다운로드해서 실행하면 차트가 나옵니다. 그리고 자동으로 저런 이동평균선들이 기본으로 차트에 설정되어 있습니다. 중요하다고들 하니까 '증권사에서 기본으로 제공해주겠지?'라고 생각하시나요?

그렇다면 지금 MTS나 HTS를 켜봅시다. 아무 종목의 차트를 확인해 봅시다. 어떤 종목이든지 상관없습니다.

5일 이동평균선에서 정확히 지지하고 반등을 주는지, 20일 이동평균 선에서 정확히 지지하고 반등하는지, 240일 이동평균선은 1년의 평균 주가니까 강력한 지지 라인으로 지지가 되는지 확인해보세요. 거의 대부분 정확하게 맞지 않습니다. 왜일까요? 그 이유는 이어지는 '02 세력과 주포의 개미털기'에서 확인하실 수 있습니다.

세력과 주포의
개미털기

　세력, 주포, 개미털기와 같은 말들은 주식을 시작하면 누구나 들어본 말들일 것입니다. 그리고 누구나 세력과 주포, 그리고 개미털기가 있다고 생각합니다. 그럼 세력과 주포는 어떻게 주식으로 수익을 낼까요?

　세력과 주포의 크기마다 다를 수 있겠지만, 한 종목을 선정해서 주가를 올리면서 시장에 관심을 끕니다. 그리고 주가를 더 올라갈 것처럼 차트를 만듭니다. 그러면 개미들이 붙고, 충분히 개미들이 붙었다고 생각되면 주가를 급락시키면서 매도를 유도합니다.

　그렇게 매도로 털리는 개미들의 물량을 받아서 매집합니다. 그러고는 아무도 그 종목에 관심이 없을 때 다시 주가를 급등 시키고 고점에서 뉴스나 지라시를 통해서 더 상승할 것처럼 보이게 만듭니다. 그러면 다시 개미들이 몰리기 시작하고, 그 개미들에게 물량을 넘기면서 수익을 실현합니다.

그렇다면 여러분이 세력이나 주포라면 어떻게 개미를 털까요? 쉽게 생각해봅시다. 어떤 방법이 가장 쉽고 효과적일까요? 많은 주식 투자가들이 중요하게 생각하는 이동평균선을 이용할 수 있겠죠.

20일 이동평균선을 강한 지지 라인으로 보이는 차트에서는 20일 이동평균선을 이탈시킵니다. 그리고 120일 이동평균선이 강한 지지 라인으로 보이는 차트에서는 120일 이동평균선을 이탈시키고, 240일선이 강한 지지 라인으로 보이는 차트에서는 240일선을 이탈시킵니다.

그렇게 손절매나 매도를 해야 하는 이유를 개미들에게 차트의 중요 이동평균선을 이탈시키면서 만들어주고 매도를 유도합니다. 제가 세력이라면 그렇게 할 것입니다. 왜냐하면 이동평균선들이 중요하다고 대부분 투자가들이 말하고 믿기 때문입니다. 그래서 CHAPTER 02의 편안하고 안정적으로 매수 타이밍 잡는 법에서 CHAPTER 05에서 이유를 확인하실 수 있다고 한 것입니다. 중요한 내용이기에 다시 한번 설명합니다. 중요하고 강한 지지 라인으로 보일수록 그 강한 지지 라인을 이탈한 자리가 편안하고 안정적인 매수 타이밍이 될 수 있습니다.

핵심
보조지표들

"나는 천체의 움직임은 계산할 수 있지만, 인간의 광기는 계산할 수 없다."

물리학과 수학의 주요 이론을 확립하며, 근대 과학의 선구자적 역할을 한 영국의 물리학자이자 수학자이며, 천문학자이고, 천재로 불린 아이작 뉴턴(Isaac Newton)이 한 말입니다.

보조지표는 말 그대로 보조일 뿐입니다. 누구나 아는 차트의 이동평균선들과 구름대 치트, RSI(상대강도지수) 등등의 보조지표들이 많습니다. 그런데 그 지표들을 세력과 주포들은 알지 못할까요? 세력과 주포들이 있다고 믿고, 여러분들이 세력이라면 어떻게 하겠습니까? 그 보조지표들을 이용해서 개미들을 털고 주가를 올리지 않을까요? 이동평균선에서도 설명했지만, 답은 나와 있습니다.

그래서 차트의 모습을 보면 거의 대부분 중요한 이동평균선들을 이탈시키고, 보조지표들도 이탈시킵니다. 그리고 주가를 반등이나 급등시킵니다. 그래서 내가 매도하고 나면 급등한다는 말이 나오는 것입니다.

주식 투자를 시작하는 대부분의 사람들은 수익을 낼 수 있는 보조지표를 찾으려고 노력합니다. 유튜브의 검색창에 주식 핵심 보조지표로 검색만 해도 몇 가지의 보조지표들이 나옵니다. 만약 손실 없이 100%로 수익을 낼 수 있는 보조지표들이 있다고 칩시다. 여러분이 그 보조지표를 수년에 걸쳐 연구하고 검증하면서 발굴했습니다. 그러면 여러분께서는 그 보조지표들을 얼굴도, 이름도 모르는 사람들을 위해서 무료로 공개할까요? 아니면 그 보조지표로 수익을 극대화하기 위해 레버리지 효과(수익을 극대화하기 위해서 대출을 통해서 자본금을 늘리는 일), 즉 미수나 신용과 대출을 통해서 자금을 크게 늘려서 그 보조지표로 주식 매매를 해서 큰 수익을 낼까요? 그리고 그 기법은 가문 대대로 물려줄까요?

답은 나와 있고 매우 간단합니다. 정말 재능기부 차원에서 그런 보조지표들을 무료로 알려주는 사람들이 있을 수 있습니다. 그러나 감히 말하지만, 이 세상에 그런 지표는 없습니다. 정말 오랜 기간을 연구하고 검증하며 만든 보조지표라면, 그 보조지표 없이 주식을 매매할 때보다 수익 낼 수 있는 확률이 올라갈 수는 있겠지만, 손실이 없이 100%로 수익을 낼 수 있는 보조지표는 없습니다.

왜냐하면 주식 시장의 참여자들, 즉 투자가들 개개인의 복잡한 심리를 선반영시킨 보조지표는 만들 수가 없기 때문입니다. 수백, 수천만 명의 복잡한 심리를 지표화할 수는 없습니다. 만약 수백, 수천만 명을 직접 만나서 복잡한 심리를 분석해서 기법화했다고 해도 이미 돌아서는 순간, 인간의 심리는 변합니다. 주식 투자는 투자가들의 복잡한 심리를 먹고 사는 생물체이고, 심리 게임입니다.

06

주식을 하는 이유와
해야 하는 이유

정년
퇴직

직장 생활을 오래 하다 보면 정년퇴직을 하게 됩니다. 60~65세가 정년퇴직 나이로 정해져 있으나, 60~65세까지 일을 계속하시는 분들은 거의 없죠. 조기 퇴사를 하시는 분들이 많습니다.

그러나 주식에는 정년퇴직이 없습니다. 60세, 70세, 80세, 90세가 되어도 말이죠. '그래도 그렇지, 무슨 80세, 90세까지 주식 투자를 할 수 있냐?'라고 생각하실 수 있을 것입니다. 워런 버핏(Warren Buffett)은 1930년생입니다. 2022년에 한국 나이로 93세입니다. 그리고 버크셔 해서웨이의 부회장인 찰리 멍거(Charles Munger) 역시 1924년생으로, 한국 나이로 99세입니다. 이처럼 주식에는 정년퇴직이 없습니다. 그러니 90세가 되었든, 100세가 되었든 주식은 할 수 있습니다.

주식을 하는 분들은 여러 종류의 자금으로 주식을 합니다. 어떤 사람은 회사를 다니면서 적금으로 모은 돈이나 대출로 주식을 시작합니다. 그리고 몇십 년 다닌 회사를 퇴직하면서 받은 퇴직금을 가지고 주식을 시작하는 사람들도 있습니다. 학생의 경우는 아르바이트해서 모은 돈으로 주식 투자를 시작할 수 있을 것입니다.

돈은 누구에게나 꼭 필요합니다. 그리고 그 돈이 없으면 90세까지 할 수 있는 주식 투자를 하고 싶어도 못합니다. 주식을 시작한 지금의 나이가 20세, 30세, 40세, 50세라는 것이 중요한 것이 아닙니다.

중요한 것은 '주식을 정확하게 배우고 공부하며 지속적으로 노력하면서 자신의 매매 기준과 원칙을 만들어가고 있냐?'라는 것입니다. 자신의 매매 기준과 원칙을 만드는 것은 절대 쉽지 않습니다. 그 기준과 원칙을 만드는 데 6개월이나 1년, 그리고 몇 년이 걸릴 수 있습니다. 그리고 엄청난 공부와 노력이 필요합니다. 또 지금 당장은 나만 느리게 가는 것 같고, 돌아가는 것처럼 느껴질 수 있습니다.

그러나 주식은 자신이 원하면 죽을 때까지 평생 할 수 있습니다. 몇 년의 노력으로 몇십 년을 편안하고, 인정적으로 주식 매매를 하며 평생 수익을 낼 수 있습니다. 현재 이 책을 보고 계신 분들은 다양한 업종에 종사하시는 다양한 연령층이시겠죠. 10대 학생부터 20~50대 직장인부터 은퇴를 하신 분들도 계실 겁니다. 그리고 주식을 하는 이유는 연령대마다 다를 수 있을 것입니다. 10대는 일찍 재테크에 관심이 있어서, 투자 준비를 하기 위해서, 20~30대는 결혼자금이나 집을 사기 위해서,

40~50대는 자녀들 등록금이나 결혼자금을 위해서, 은퇴를 준비하시거나 은퇴하신 분들은 노후대책을 위해서 등등 여러 가지 이유가 있을 수 있습니다.

노후대책으로 주식을 하시는 분들은 상상하세요. 자녀들의 용돈에 의지하지 않고, 자녀들에게 당당하게 용돈을 주는 모습을 말입니다. 또, 손자, 손녀들이 오면 좋아하는 장난감을 사주고 용돈을 주고 자유롭게 여행을 다니는 모습을요.

그리고 다른 목적으로 주식을 하시는 분들도 자신의 목표를 상상해 보세요. 그것을 이루었을 때의 자신의 모습을요. 그런 미래를 위해서 1년 정도 노력은 당연히 필요한 것입니다. 그리고 함께 노력해서 이루어 봅시다. 공부하고 노력하는 것은 누구나 할 수 있지만, 아무나 할 수 있는 것은 아닙니다. 그리고 놀고 싶은 것을 참아야 하는 고통, 귀찮아서 하기 싫은 고통, 도대체 언제까지 해야 하는지 몰라서 느끼는 고통 등 여러 가지 고통이 따릅니다.

그러나 그 고통은 주식을 어설프게 배워서 피땀을 흘려가며 평생 모은 돈을 날리는 고통보다는 작은 고통일 것입니다.

하루에
10만 원만!

주식을 처음 시작하는 사람들이 주로 하는 말이 있습니다. 그것은 "욕심내지 않고 하루에 10만 원만 씩, 한 달에 200만 원 정도만 벌어보려고 한다"입니다.

주식 시장을 어느 정도 경험해본 사람이라면 손실이 나지 않고 '꾸준히 하루에 10만 원'만 번다는 의미를 알고 있습니다. 하루에 10만 원, 100만 원, 1,000만 원, 아니 1억 원 이상도 주식으로 버는 사람들이 분명히 있습니다.

그러나 그렇게 지속적으로 꾸준히 수익 내는 사람들이 그냥 수익을 내는 것일까요? 분명히 다른 사람들과 다른 것이 있을 것입니다. 바로 공부와 노력, 계속된 희생과 자신만의 경험을 통해서 만든 매매 기준과 원칙입니다.

그럼 여러분께서는 주식으로 돈을 벌기 위해서 어떤 공부와 노력을 지속해서 했고, 어떤 희생을 하고 계시나요? 생각해보면 큰 노력을 하지 않았을 것입니다.

그런데 왜 아무것도 하지 않고 돈을 벌려고 할까요? 자신이 하고 싶은 걸 다 하고 남는 시간에 투자하는 것을 노력이라고 하지는 않습니다. 하고 싶은 일을 줄이거나 하지 않으면서, 하고 싶지 않은 일을 하는 것이 노력입니다.

2022년 기준 최저임금으로 주5일, 오전 9시 출근, 오후 6시 퇴근하면서 한 달에 얼마를 받을까요? 시간당 9,160원, 월급으로는 1,914,440원입니다. 누군가에게는 이 돈이 한 달 꼬박 9시에 출근해서 6시까지 일을 해야 벌 수 있는 돈입니다.

한 달을 꼬박 일해야 벌 수 있는 돈을 주식으로 벌려면 어떻게 해야 할까요? 운이 좋아야 될까요? 리딩방에 가입해서 종목을 받아야 될까요? 앞에서 설명한 방법들이 잘된다면 정말 좋겠습니다.

주식 투자로 '하루에 10만 원만 벌자', '한 달에 200만 원만 벌자', '300만 원만 벌자', '1,000만 원만 벌자'라고 생각하는 사람들이 너무 많습니다. 그렇게 수익 낼 수도 있습니다. 그러나 다른 사람들이 한 달 꼬박 일해서 벌 수 있는 돈을 하루에 벌려고 한다면, 한 달만큼의 시간을 사려는 노력을 지속적으로 해야 됩니다.

요즘에는 주식이나 가상화폐로 "1년 만에 몇천만 원을 벌었다", "2년 만에 수십억 원을 벌었다"라는 사람들이 각종 매체에서 많이 나옵니다. 그래서 누구나 그렇게 벌 수 있다고 생각합니다. 맞는 말입니다. 누구나 그렇게, 아니 그것보다 더 큰 수익을 낼 수 있습니다. 어떻게? 그렇게 번 사람들이 했던 공부와 노력을 지속적으로 하고, 희생을 하면 됩니다. 저렇게 돈을 많이 번 사람들이 갑자기 운이 좋아서 돈을 벌었을 수도 있습니다.

그러면 많은 돈을 번 사람들이 어떻게 하면서 운이 따라서 돈을 벌었는지 파악해서, 그와 같이 공부와 노력을 지속적으로 하고 희생해서 운이 들어올 수 있는 길을 만들어야 합니다. 그렇게 최소한의 시도, 즉 주식을 사든지, 가상화폐를 사든지, 부동산을 사고 운이 올 수 있는 길을 만들어야 합니다. 그래야 운이 오는지, 안 오는지 알 수 있습니다.

운도 만들 수 있습니다. 운이 온다고 믿냐, 못 믿냐의 차이입니다. 만약 '나는 운이 좋지 않아 운에 내 운명이나 돈을 걸 수 없다'라고 생각하는 사람들은 어떻게 해야 될까요? 최소한 큰돈을 벌고 성공한 사람들이 했던 노력 정도는 해야 이미 성공한 사람들의 빈 징도라도 갈 수 있지 않을까요?

저 성공하고 큰돈을 번 사람들이 10년에 걸쳐서 성공했고 업적을 이루었다면, 여러분들은 어떻게 해야 될까요? '10년은 너무 길어' 이렇게 생각하는 사람은 여기서 그만두시면 됩니다. 세계에서 가장 똑똑하고 유명한 사람들이 10년에 걸친 노력을 통해 성공을 이루었다면, 나도

10년은 노력해야겠다는 생각이 필요합니다. 최소한 말입니다.

그러면 무조건 10년 이상을 공부하고 노력해야 될까요? 그것은 아닙니다. 그들이 하루에 1시간씩 공부하면서 노력했다면, 여러분은 하루에 2시간 또는 2시간 이상을 노력하면 10년보다 적게 걸릴 수 있습니다.

저 성공한 사람들은 밤낮 주말 없이 자신을 희생하며 노력하고 공부하며 피땀을 흘려가면서 지금의 자리에 있는 것입니다. 그냥 캠핑 다니고 술 먹고 골프 치고 쇼핑 다니고 맛집을 찾아다니면서 성공한 것이 아닙니다. 저 성공한 사람들처럼 되고 싶다면 최소한 저들이 한 공부와 지속적인 노력과 희생에 대해서 생각해봐야 합니다.

테슬라(전기차 회사)의 최고경영자이자 스페이스X(우주항공 회사)의 최고경영자 일론 머스크(Elon Musk)와 그의 형이 처음 회사를 시작했을 때는 작은 사무실을 빌려 잠은 소파에서 자고, 샤워는 YMCA에서 했습니다. 둘이서 한 대의 컴퓨터를 사용하면서 낮에는 웹사이트를 돌렸고 밤에는 코딩을 했습니다. 하루에 22시간, 일주일 내내 일을 했습니다. 깨어 있는 동안은 항상 일을 한 것입니다.

일론 머스크의 현재 성공한 모습은 보이지 않는 곳에서 하루에 22시간, 1년 365일을 일만 생각한 결과입니다. 그는 공부와 지속적인 노력을 했고, 다른 사람들이 놀고 즐기는 것들을 멀리했습니다. 그렇게 거의 모든 것들을 희생했기에 현재의 테슬라의 일론 머스크가 있다는 사실을 명심합시다.

여러분의 주변에 있을지도 모르는
스미스 요원

스미스 요원은 영화 <매트릭스>에 나오는 인물로, <매트릭스> 1편에서는 가상현실에 들어와서 활동하는 인간들을 찾아내서 제거하는 임무를 수행했습니다. 3편에서는 자기 자신을 무한으로 복제하는 능력으로 막강한 힘을 얻게 되면서 결국 매트릭스의 통제를 벗어나게 됩니다. 그리고 자신의 힘을 이용해서 가상현실과 현실 세계는 물론이고, 시스템으로 가상현실을 지배하고 있는 기계 도시까지 파괴하려고 합니다. 영화에서는 알고 있었지만, 현실에서도 존재한다는 것을 유튜브 영상을 통해서 알게 되었습니다.

스미스 요원은 악성코드지만 자신을 백신으로 착각하고, 주변 사람들에게 악성코드를 전염시키고 다닙니다. 맞는 말을 할 때가 있을 수도 있겠습니다. 그러나 그 말들이 나에게 정말 맞는 말인지를 확인해봐야 합니다. 그리고 내가 가려고 하는 길을 성공적으로 가본 사람들의 말인지를 확인해야 합니다. 그게 아닌 사람들의 말은 의견일 뿐 정답이 아닙니다. 그 사람들은 스미스 요원입니다. 여러분의 미래에 상황과 능력이 안 좋아질 거라고 말하는 사람들의 말은 듣지도, 믿지도 맙시다. 그들은 스미스 요원일 수도 있습니다.

저는 '대단하다', '잘될 것이다'라고 응원과 격려를 해줄 것 같은 두 명에게 책을 쓰고 있다고 말했습니다. 한 명은 아무 대답이 없었습니다. 또 한 명은 "SF소설을 쓰면 잘 쓰겠다(SF소설을 폄하하려는 것은 아니니 오해 없길 바랍니다)"라고 했습니다. SF소설을 쓰면 잘 쓰겠다는 의미는 비아냥거리면서 '너같이 하찮은 애가 무슨 책을 쓰고 내냐? 그리고 그 책을 누가 읽겠냐? 아무나 책을 쓰냐?'라는 의미였습니다. 꿈에서나 책을 쓰라는 의미였죠. 그 후로 저는 다른 사람들에게 책을 쓴다고 말하지 않았습니다. 지금 이 책을 읽고 있는 여러분이 계시니 누가 스미스 요원인지는 알고 있습니다. 끊임없이 지속적으로 노력하고 자기 자신을 믿으세요.

저는 과거에 워런 버핏의 집에 찾아갔다가 경호원들에게 총을 맞을 뻔한 경험이 있습니다. 지금부터 그 이야기를 하려고 합니다.

저는 대학 때 처음으로 버핏을 알게 되었습니다. 처음 간 도서관에서 부자라는 단어로 책을 검색했습니다. 거기서 나왔던 책이 버핏의 책이었습니다. 그리고 버핏의 가치 투자 철학이 제 마음에 와닿았습니다. 그때부터 제 꿈은 버핏을 만나는 것이었고, 버핏처럼 세계적인 투자가가 되는 것을 꿈꿨습니다.

그리고 그 꿈을 이루기 위해서 미국에 가기로 했습니다. 미국에 가서 영어 공부를 해서 버핏을 만나 물어보고 싶었던 것들을 물어보고 배우고 싶었습니다. 그래서 대학을 자퇴하고 한국에서 4년 동안 많은 일을 하면서 미국의 학비와 생활비를 모았습니다.

그렇게 미국 갈 준비를 끝내고, 가족과 주변 지인의 만류에도 미국으로 출발했습니다. 미국에서도 모자란 학비와 생활비를 벌기 위해서 여러 가지 일을 했습니다. 아프리카 아메리칸을 위한 가발과 각종 헤어 제품과 뷰티케어 제품을 파는 가게에서도 일했습니다. 또 여러 식당에서 웨이터 일도 했습니다.

한번은 식중독에 걸려서 죽을 뻔했습니다. 하지만 의료보험이 되지 않아서 병원에도 가지 못했고, 식중독은 더욱더 심해졌습니다. 설사와 온몸의 가려움으로 거의 일주일 동안을 아무것도 먹지 못했습니다. 몸무게가 10kg이 빠질 정도로 심했었죠.

그러나 저는 버핏을 만난다는 꿈을 포기하지 않았습니다. 미국에서 여러 가지 일을 하면서 미국 사람들과 영어로 대화를 많이 하면서 영어실력을 키워나갔습니다. 그렇게 영어로 어느 정도 대화가 가능해졌습니다. 버핏을 만날 준비가 된 것입니다.

그래서 그의 집으로 편지를 보냈습니다. '나는 누구이며 당신의 가치투자의 철학을 존경해서 한국에서 미국으로 당신을 만나기 위해 왔습니다'라고 하며 만나러 기도 되는지 편지에 썼습니다. 그러나 그 편지를 써놓고 한참을 보내지 못했습니다. 버핏의 집 주소를 인터넷에서 아무리 검색하고 카페나 블로그에 질문해봐도 아는 사람이 없었습니다. 그렇게 몇 주일 동안 그의 집 주소를 계속 찾았습니다. 그러나 몇 주일이 지나도 찾을 수가 없었기에 다른 방법을 찾아야 했습니다.

그래서 제가 살던 곳의 한인회에 전화했습니다. 혹시 버핏이 사는 오하마의 한인회 전화번호를 알 수 있냐고 물어봤습니다. 오마하의 한인회 회장과 전화 통화를 하면서 미국에 버핏을 만나러 왔다고 사정을 설명했습니다. 대단한 학생이라면서 꼭 버핏의 주소를 알려줄 테니까 기다려달라고 했습니다.

며칠이 지나서 정말 전화가 왔고, 한인회 회장은 버핏의 집 주소를 알려주었습니다. 그렇게 편지를 보냈습니다. 저를 미친놈이 아닌 대단한 놈으로 봐준 오마하 한인회 회장에게 다시 한번 감사합니다. 그렇게 며칠이 지나 답장이 왔습니다. 내용은 찾아와도 만날 수 없으니 오지 말라는 내용이었습니다. 답장을 받았다는 것만으로도 황홀했습니다. 세계에서 몇 명이나 버핏에게 편지를 보내고 답장을 받아봤겠습니까? 하지만 오지 말라는 편지를 받고 만나는 것을 포기할 것이었다면, 저음부터 한국에서 미국까지 가지도 않았을 것입니다. 저는 무엇이든 될 때까지 하는 성격이기에 포기할 수는 없었습니다.

그렇게 버핏이 사는 오마하로 출발했습니다. 오마하에 도착해 자동차를 렌트하고 모텔로 가서 짐을 풀었습니다. 다음 날 버핏을 만나러 가는 생각에 설레어서 잠도 오지 않았습니다. 다음 날 새벽부터 일어나서 준비하고 그의 집으로 출발했습니다. 꽃집을 찾아 꽃도 샀습니다. 어항 같은 작은 물병에 꽃을 넣고 예쁘게 장식을 해줬습니다. 그 꽃병을 들고 버핏의 집으로 갔습니다.

그의 집에 도착해 현관문으로 걸어갔습니다. 그 몇 걸음 걸어가는 동안 얼마나 설레고 떨렸는지, 심장 소리가 그렇게 크게 들렸던 적은 없었던 것 같습니다. 초인종을 누르고 한참을 기다렸습니다. 아무 대답이 없었기에 다시 한번 초인종을 누르고 기다렸습니다. 집에 아무도 없었는지 역시 대답이 없었고, 몇 분 정도를 기다리다가 꽃병을 문 앞에 두고 돌아 나왔습니다.

그의 집에는 아무도 없는 것 같아서 그의 회사인 버크셔 해서웨이로 찾아갔습니다. 로비까지는 들어갈 수 있었지만, 사무실로 들어가려면 보안을 통과 후 엘리베이터를 타고 올라가야 했습니다. 점심시간이었는지 많은 사람들이 1층 카페에서 점심을 먹고 있었습니다. 혹시 워런 버핏도 나오려나 유심히 보았습니다. 그 빌딩에는 동양인이 많이 없었는지 사람들이 저를 관심 있게 쳐다보았습니다.

버핏의 사무실에 들어가기 위해서 사람들의 틈에 껴서 엘리베이터를 타보려고 했습니다. 그러다 보안요원에게 걸려서 상황을 설명했습니다. 보안요원은 "미안하지만 자기들은 도와줄 수 없을 것 같다"라고 했습니다. 그렇게 그의 회사에서는 보안요원 때문에 그를 만나볼 수 없을 것 같아 다시 그의 집에 찾아갔습니다. 초인종을 누르고 얼마 지나지 않아문이 열렸습니다. 문이 열리는 순간 '꿈이 이루어지는구나' 하면서 너무 행복했습니다.

하지만 문을 열고 나온 사람은 버핏이 아니라 키가 2m 정도 되는 건장한 남자 셋이었습니다. 그들은 경호원들이었습니다. 그들은 "아침에 찾아왔던 사람이 너냐?", "왜 왔냐?" 등의 여러 질문을 했습니다. 마치 제가 무슨 범죄자인 것처럼 물어봤습니다. "저는 한국에서 온 국제학생이고 버핏을 존경해서 만나보고 싶어서 왔다"라고 상황 설명을 했습니다.

그러자 다른 한 남자가 나에게 다가오더니 "워런 버핏의 속옷을 원하냐? 스토커냐?"라며 비웃으면서 물어봤습니다. 누구의 꿈을 가지고 비웃는다는 것에 화가 났습니다. 그래서 다시 한번 진지하게 그 비웃는 경호원을 보고 "나는 진지하다. 내 꿈을 그렇게 우습게 만들지 말라"고 했습니다. 진심이 통했는지 그는 미안하다고 했습니다. 그리고 그의 집에 찾아오는 것은 이제 그만해야 한다고 했습니다. 저는 그렇게 모텔로 돌아왔습니다.

그렇게 첫째 날은 버핏을 만나기에 실패했습니다. 저는 둘째 날을 준비했습니다. 둘째 날은 새벽에 일어나서 버핏의 회사 앞에서 그의 차가 들어오는지 지켜보았습니다. 출근을 안 한 것인지, 차를 놓친 것인지는 모르겠으나 보이지 않았습니다.

　그래서 그의 회사 로비로 다시 가서 카페에 앉아 있다가 또 점심시간에 많은 사람들이 왔다 갔다 하는 틈을 노려서 엘리베이터를 타려고 지켜봤습니다. 하지만 엘리베이터를 타려고 하는 순간에 다시 보안요원에게 걸려서 실패했습니다. 어쩔 수 없이 모텔로 돌아가서 그에게 물어봐야 할 질문과 답변 연습을 하면서 그의 퇴근시간을 기다렸습니다.

　다시 버핏의 집에 찾아갔습니다. 집 안에 불은 켜져 있었고 초인종을 누르고 기다렸지만, 아무 대답도 없었습니다. 다시 한번 초인종을 누르고 기다렸지만, 답이 없었습니다. 그렇게 다시 모텔로 들어와서 다음 날을 준비했습니다.

　셋째 날, 버핏이 퇴근해서 집에 있을 것 같은 시간대에 저는 다시 그를 만나러 그의 집으로 향했습니다. 초인종을 누르기 위해서 현관으로 걸어가기도 전에 첫째 날 봤었던 키가 크고 건장한 경호원 셋이 서 있었습니다. 그러나 그들의 몸짓과 표정과 태도는 첫째 날의 모습과 많이 달랐습니다. 영화에서나 보던 장면이었습니다.

　권총이 들어 있는 권총집을 어깨에 메고 있었고, 손은 권총을 잡고 있었습니다. 한 명은 신분증을 보여달라면서 다가왔습니다. 그리고 두 명은 제 뒤로 천천히 움직였습니다. 저는 신분증을 꺼내기 위해 재킷 안쪽 주머니에 손을 넣었습니다. 그 순간, 앞에 서 있던 경호원이 큰소리로 외쳤습니다.

"STOP! SLOWLY! EASY!"

저는 지갑을 꺼내서 신분증을 보여줬고, 그는 신분증을 보고 수첩에 메모했습니다. 그리고 다시 저에게 다가와 신분증을 건네주었습니다. 잡아먹을 것처럼 제 눈을 노려보면서 한 번 더 버핏의 집을 찾아온다면 개인 소유의 땅이기 때문에 총을 맞을 수도 있다고 권총에 손을 대고 말했습니다.

정말 많이 무서웠고 두려웠습니다. 한국에서는 볼 수 없었던 권총과 경호원들의 위협이 무섭고 두려웠던 것이 아니었습니다. 20살에 우연히 도서관에서 버핏을 알게 되었고, 그를 만나기 위해서 한국과 미국에서 총 7년을 준비했습니다. 하지만 바로 문만 열면 닿을 거리에 있음에도 그를 만나지 못할 수도 있을 것 같았고, 꿈을 이루지 못할 수도 있다는 생각이 들어 무서웠고 두려웠습니다.

그러나 저는 포기하지 않았습니다. 플랜 B를 계획했습니다. 평소 워런 버핏이 자주 가는 티본 스테이크집이 있었습니다. 그래서 매일 저녁, 그 스테이크집에서 저녁을 먹으면서 기다려보기로 했습니다. 웨이터에게 "워런 버핏이 오면 앉는 자리가 어디냐?"라고 물어봤고, 그 자리가 잘 보이는 곳으로 자리를 잡아서 아주 천천히 그를 기다리면서 저녁을 먹었습니다. 그러나 그는 끝내 나타나지 않았습니다.

일주일 안에 버핏을 만나는 것이 계획이었습니다. 미시간주로 돌아가는 비행기 티켓도, 모텔도 그렇게 예약되어 있었습니다. 그렇게 일주일을 보낸 뒤 돌아오는 비행기 안에서 앞으로의 목표와 계획을 수정하면서 많은 생각이 들었습니다.

한국과 미국에서 7년 동안 버핏을 만나기 위해 주식과 영어를 공부하며 노력했습니다. 그리고 한국에서 미국이라는 타지에 와서 살기 위해서 일주일 중 4일을 일하면서 학비와 생활비를 벌었습니다. 나머지 3일을 학교에 다니면서 영어 공부를 했습니다. 하지만 결국 만나지 못했습니다. 저는 미국에서 유학하는 동안 그를 만나는 것은 포기했습니다.

그렇게 한국으로 돌아왔습니다. 하지만 한국에 와서 단 한 번도 그를 만나는 것을 포기한 적이 없습니다. 그와의 연결고리를 만들기 위해서 한국에 돌아왔습니다. 그 연결고리는 바로 버크셔 해서웨이였습니다. 그 주식을 매수해서 주주가 되는 것이었습니다. 그 주식을 단 1주라도 보유 중이면, 매년 5월에 네브래스카주 오마하에서 열리는 버크셔 해서웨이의 주주총회에 입장할 수 있습니다.

그 주주총회는 몇만 명의 사람들이 모이기 때문에 큰 경기장을 빌립니다. 2박 3일간 진행하며 장시간 질문과 답변 프로그램 및 쇼핑데이 등등 각종 이벤트를 합니다. 그래서 버핏과 대화할 수도 있습니다. 그를 만나러 그의 집에 다녀온 이후 최대한 빠르게 한국행 비행기 표를 예약했고, 한국으로 돌아왔습니다.

그리고 몇 년 후 버핏을 한국에서 만났습니다. 대학 1학년, 20살 때부터 꿈꿔왔으니 10년 만에 꿈을 이룬 것입니다. 심장은 터질 것처럼 큰 소리가 났고, 눈에는 나도 모르게 눈물이 흘렀습니다. 대구공항에서 버핏을 만났습니다. 그는 회색 운동복 하의에, 상의는 하늘색 티와 운동화를 신고 있었습니다. 주변에서 흔히 볼 수 있는 할아버지의 모습이었습니다.

그가 보유하고 있는 주식 중에 대구에 위치한 회사가 있었습니다. 그가 그 회사를 방문하기 위해 한국에 온다는 것을 알고 있었습니다. 한국에 와서도 버핏의 기사는 하나도 놓치지 않으려고 노력했었기 때문에 기사를 찾을 수 있었습니다.

버핏이 한국에 온다는 것이 너무 흥분되었고, 드디어 만나겠구나 싶어 너무 설레었습니다. 그래서 대구공항에 그의 도착시간보다 일찍 가서 그가 나오는 출구를 찾았습니다. 그가 잘 보이는 곳에 자리를 잡고 기다렸습니다. 얼마 후 취재진들이 카메라를 들고 나타났습니다. 제가 기다렸던 자리가 좋은 자리였는지 오는 취재진들마다 촬영하러 왔냐고 물어봤고, 아니라면 비켜달라고 했습니다. 인천에서 버핏을 만나러 왔고, 취재인들이 오기 1시간 전부터 자리에서 기다리고 있었기에 미안하지만 비켜줄 수 없다고 말하자, 어디서 온 것이 무슨 상관이냐며 몇몇 취재진들이 소리를 지르며 촬영해야 하니까 비키라며 저를 밀쳐냈습니다.

그렇게 어수선해진 사이, 그 취재진 중 한 사람이 다가와서 저에게 어떻게 오게 되었냐고 물어봤습니다. 저는 버핏을 만나러 미국을 갔었지만, 만나지 못하고 왔던 상황에 대해서 설명했습니다. 그리고 그가 대구에 온다고 해서 인천에서 만나러 왔다고 설명했습니다. 그렇게 한 기자가 저를 인터뷰했습니다.

그리고 그 기자가 상황 설명을 다른 취재진들에게 했습니다. 그렇게 저는 기다리고 있었던 자리에서 그를 볼 수 있었습니다.

그 인터뷰는 "버핏을 만나기 위해 인천에서 왔다는 유현장(29) 씨는 버핏의 철학을 좋아해 예전 미국 유학 시절에 버핏을 만나러 찾아갔지만 만나지 못했다며 오늘 드디어 볼 수 있게 되어 설렌다고 흥분을 감추지 않았다"라고 기사(김흥록 기자, 환영인파에 "美서도 받아본 적 없는 환대 감사", <서울경제>, 2011. 3. 20)에 실렸습니다. 그렇게 저는 10년 만에 하나의 꿈을 이루었습니다.

그 무엇보다 기뻤던 것은 어떤 목표든지 상상하고 그 상상을 이루기 위해 노력하고 그 목표가 이루어졌을 때의 모습을 생생하게 느끼면서 시각화하면, 어떤 목표나 이룰 수 있다는 것이었습니다. 제가 맞았다는 것이 정말 행복했습니다.

여러분들도 목표를 세우시고 그 목표를 이루기 위해서 지속해서 노력한다면 무엇이든지 해내실 수 있습니다.

여러분을 항상 사랑하고 응원하는 유현창이 올립니다. 늘 건강하시고 행복하세요. 감사합니다.

워런 버핏 집 앞에서 총 맞을 뻔한
주식 투자가 이야기

제1판 1쇄 2022년 8월 10일

지은이 유현창
펴낸이 서정희   **펴낸곳** 매경출판㈜
기획제작 ㈜두드림미디어
책임편집 이향선, 배성분   **디자인** 김진니(nah1052@naver.com)
마케팅 김익겸, 한동우, 장하라

매경출판㈜
등록 2003년 4월 24일(No. 2-3759)
주소 (04557) 서울시 중구 충무로 2(필동 1가) 매일경제 별관 2층 매경출판㈜
홈페이지 www.mkbook.co.kr
전화 02)333-3577
이메일 dodreamedia@naver.com(원고 투고 및 출판 관련 문의)
인쇄·제본 ㈜M-print 031)8071-0961

ISBN 979-11-6484-442-5 (03320)